GILBERTO GIL

Refavela

Maurício Barros de Castro

GILBERTO GIL

Refavela

Cobogó

Para meu filho Pedro, sempre

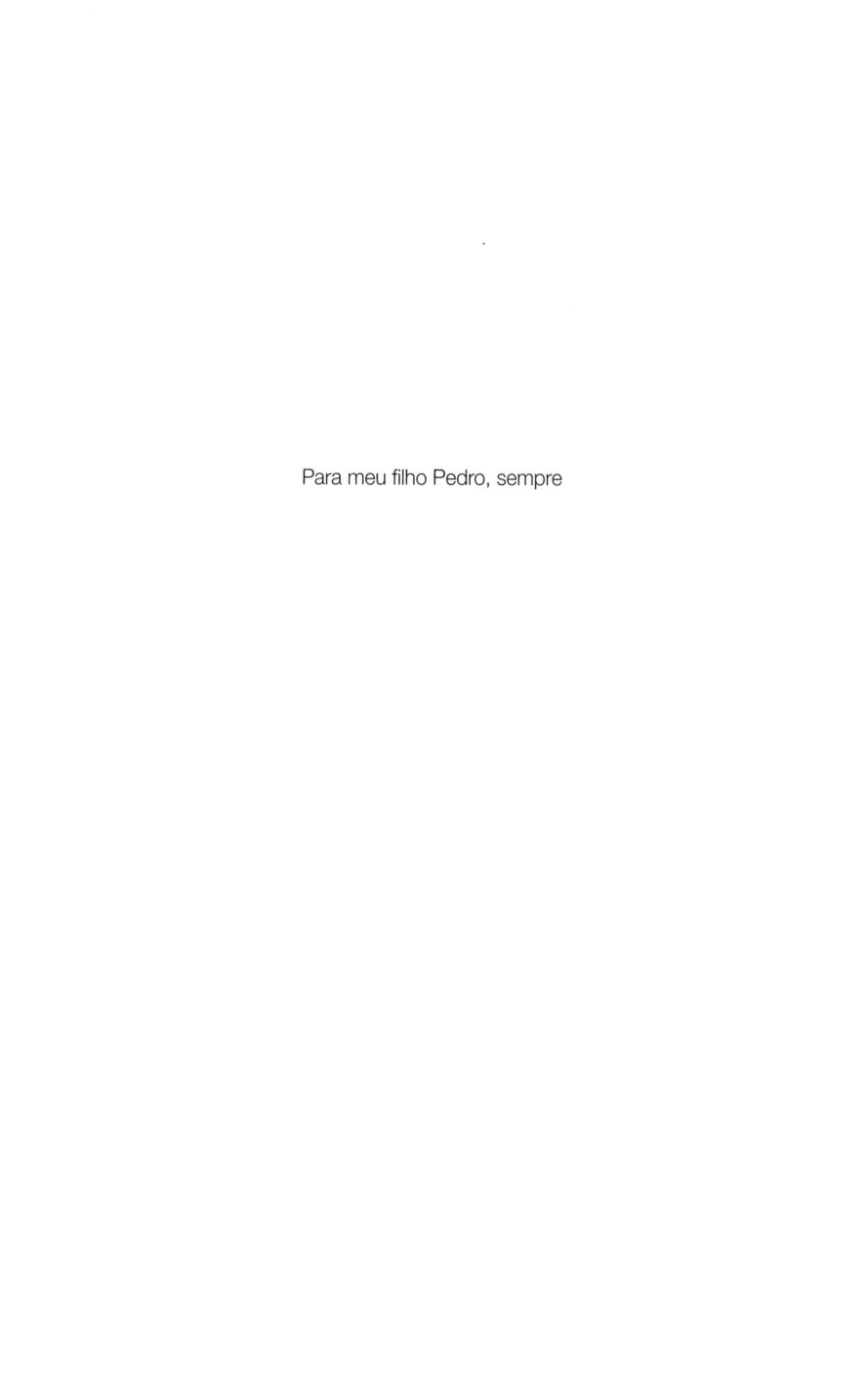

SUMÁRIO

Sobre a coleção **O LIVRO DO DISCO** — 9

Parte 1. O CONCEITO — 13
1. O mundo negro — 15
2. A reafricanização — 18
3. O Black Rio — 22
4. O exílio e a diáspora — 37
5. A trilogia — 41
6. O Festac e a Nigéria — 45

Parte 2. O DISCO — 57

Introdução — 59

Faixa um: Refavela — 67

Faixa dois: Ilê Ayê — 73

Faixa três: Aqui e agora — 77

Faixa quatro: No norte da saudade — 81

Faixa cinco: Babá Alapalá — 83

Faixa seis: Sandra   87

Faixa sete: Samba do avião   89

Faixa oito: Era Nova   93

Faixa nove: Balafon   97

Faixa dez: Patuscada de Gandhi   101

Canto de despedida   105

Bibliografia   107

Sobre a coleção O LIVRO DO DISCO

Há, no Brasil, muitos livros dedicados à música popular, mas existe uma lacuna incompreensível de títulos dedicados exclusivamente aos nossos grandes discos de todos os tempos. Inspirada pela série norte-americana 33 ¹/₃, da qual estamos publicando volumes essenciais, a coleção O Livro do Disco traz para o público brasileiro textos sobre álbuns que causaram impacto e que de alguma maneira foram cruciais na vida de muita gente. E na nossa também.

Os discos que escolhemos privilegiam o abalo sísmico e o estrondo, mesmo que silencioso, que cada obra causou e segue causando no cenário da música, em seu tempo ou de forma retrospectiva, e não deixam de representar uma visão (uma escuta) dos seus organizadores. Os álbuns selecionados, para nós, são incontornáveis em qualquer mergulho mais fundo na cultura brasileira. E o mesmo critério se aplica aos estrangeiros. discos que, de uma maneira ou de outra, quebraram barreiras, abriram novas searas, definiram paradigmas — dos mais conhecidos aos mais obscuros, o importante é a representatividade e a força do seu impacto na música. E em nós! Desse modo, os autores da coleção são das mais diferentes formações e gerações, escrevendo livremente sobre álbuns que têm relação íntima com sua biografia ou seu interesse por música.

O Livro do Disco é para os fãs de música, mas é também para aqueles que querem ter um contato mais aprofundado, porém acessível, com a história, o contexto e os personagens ao redor de obras históricas.

Pouse os olhos no texto como uma agulha no vinil (um cabeçote na fita ou um feixe de laser no CD) e deixe tocar no volume máximo.

PARTE 1
O CONCEITO

1. O mundo negro

Refavela é uma tentativa de captura do seu tempo, um instantâneo das manifestações culturais que surgiam, em meio às turbulências dos anos 1970, reinventadas nos guetos e periferias de partes distintas do planeta, conectadas principalmente pela música negra. É um disco de urgência, criado por um artista sensível ao momento em que vivia, marcado por ditaduras militares, lutas anticoloniais e protestos contra a segregação racial. Bombardeado por informações novas e diversas, que vinham de direções distintas, Gilberto Gil estava aberto para percebê-las e senti-las.

Como disse o próprio músico e compositor, a ideia era "essa coisa de arte dos trópicos, comunidades negras contribuintes para a formação de novas etnias e novas culturas no Novo Mundo – Brasil, Caribe, Nigéria, Estados Unidos –, essas culturas emergentes como presença forte do dado negro". Estavam reunidos os ingredientes para o que ele chamou de "o conceitual de *Refavela*".[1]

---

[1] BAHIANA, Ana Maria. "A paz doméstica de Gilberto Gil" (publicado originalmente no jornal *O Globo*, em 10 de julho de 1977). In: COHN, Sergio. *Gilberto Gil – Encontros*. Rio de Janeiro: Beco do Azougue, 2007. p. 143.

Gil explicou o conceito do disco numa entrevista feita pela jornalista Ana Maria Bahiana e publicada no jornal *O Globo*, em julho de 1977. Nesse mesmo ano, no mês de maio, aconteceu o lançamento de *Refavela*, álbum que se tornou histórico, parte de uma trilogia que ainda conta com os LPs *Refazenda* (1975) e *Realce* (1979). Embora os outros dois discos também sejam importantes e tenham feito bastante sucesso, o que marcou *Refavela* foi o destaque para o "mundo negro" que eclodia em diversas partes do planeta, inclusive no carnaval da Bahia.

Em 1974, foi criado o primeiro bloco afro-baiano, o Ilê Aiyê, que saiu pelas ruas de Salvador anunciando que trazia algo novo para mostrar à elite branca baiana.

> Que bloco é esse?
> Quero saber, ê, ê
> É o mundo negro
> Que viemos mostrar pra você

A música "Que bloco é esse?", composição de Paulinho Camafeu, foi cantada no primeiro desfile do bloco. Três anos depois, Gil gravou a canção no *Refavela*,[2] uma homenagem a um verdadeiro hino do carnaval baiano que buscava valorizar a cultura negra.

Em meio aos acontecimentos que agitavam o cenário cultural afro-brasileiro da época, Gil teve a oportunidade de conhecer a África, mais precisamente a Nigéria. Foi justamente a viagem para o país africano, nesse mesmo ano de 1977, que inspirou a criação de *Refavela*.

---

[2] Gil rebatizou a canção, que ganhou o nome de "Ilê Ayê" no disco *Refavela*.

Convidado para participar do II Festival Mundial de Artes e Cultura Negra (Festac), que aconteceu em Lagos, então capital da Nigéria, Gil viajou ao lado de Caetano Veloso para se apresentar no país. O festival aconteceu durante cerca de um mês, entre o final de janeiro e fevereiro de 1977. Três meses depois, em maio, Gil lançaria o *Refavela*.

O Festac era um grande evento que reunia arte e cultura de diversos países da África e da diáspora negra. A primeira edição aconteceu em 1966, em Dacar, capital do Senegal, e teve como integrantes da delegação brasileira Paulinho da Viola, Elton Medeiros e Clementina de Jesus.

Uma década depois do primeiro Festac foi a vez de Gil e Caetano partirem para a África. Os artistas se depararam com uma Nigéria moderna, convulsionada pela miséria, corrupção e crises políticas, mas vibrante, colorida e musical. Muitas das músicas de *Refavela* foram compostas em solo nigeriano, do outro lado do Atlântico.

Claro que Gil se mantinha atento também a outros movimentos que aconteciam deste lado do Atlântico. Entre os anos 1960 e 1970, os Estados Unidos enfrentavam as reivindicações dos negros norte-americanos por seus direitos civis. Até 1964, quando foram finalmente revogadas, o país ainda mantinha as leis de Jim Crow, como ficaram conhecidas as leis que institucionalizaram a segregação racial no sul do país e que vigoravam desde 1876.

Dessa luta nasceu um dos movimentos mais importantes do período, o Black Power. Reunidos em torno da necessidade de impor o orgulho negro a uma sociedade segregacionista, os movimentos dos afrodescendentes norte-americanos tomaram os estados, cidades e ruas do país, abalando suas estruturas racistas.

Ao mesmo tempo, os países africanos lutavam por sua libertação do jugo colonial europeu. Nesse contexto, o Brasil foi o primeiro país a reconhecer a independência de Angola, proclamada em 1975, dois anos antes de Gil partir para a Nigéria. A libertação angolana foi um acontecimento que despertou, nos anos 1970, um olhar para a África de artistas, lideranças e militantes negros brasileiros. Um marco desse período foi o livro *Poemas de Angola*, do líder revolucionário angolano Agostinho Neto, lançado no Brasil, nesse mesmo ano de 1975, pela Codecri, editora de *O Pasquim*.

Todas essas lutas, tanto pela libertação dos países africanos quanto pelos direitos civis dos negros norte-americanos, tiveram forte impacto no Brasil. Dois exemplos importantes disso foram, na década de 1970, a "reafricanização" do carnaval baiano e o surgimento do movimento Black Rio. Dois acontecimentos que se deram entre o Rio de Janeiro e Salvador, duas cidades que têm como marca a forte presença de culturas de matriz africana, duas metrópoles portuárias por onde Gilberto Gil transitava com desenvoltura, fervilhando de ideias sobre como recriar musicalmente esse "mundo negro" que saltava aos olhos e se fazia ouvir.

2. A reafricanização

Um caminho encontrado por Gil para recriar esse "mundo negro" foi o que Antonio Risério chamou de "reafricanização" da cultura brasileira, no clássico *Carnaval Ijexá: Notas sobre afoxés e blocos do novo carnaval afro-baiano*. Lançado no calor da hora, em 1981, o livro busca trazer uma reflexão, repleta de informações etnográficas, sobre o fenômeno, no momento mesmo em que ele acontecia, sem desse modo esperar por um distanciamento histórico para compreendê-lo. Assim, transitando entre os botecos e afoxés dos bairros da periferia de Salvador, como a Liberdade, onde fica a sede do bloco Ilê Ayê, Risério discute a reafricanização do carnaval baiano, deixando em aberto que esse era um processo que acontecia de forma mais ampla na sociedade brasileira dos anos 1970 e início da década de 1980.

Em meio às reflexões sobre esta reafricanização, Gil surge como um dos personagens centrais do livro de Risério, que em diversas passagens se refere ao compositor baiano e enfatiza sua importância e influência entre os jovens, principalmente os afro-brasileiros, daquele período. Numa delas, ele afirma: "Atualmente, em meio à juventude negra, a grande figura é Gilberto Gil."[3]

O fio condutor do livro para falar da reafricanização é o carnaval afro-baiano dos grupos de afoxé, um universo em que Gil atuava desde que voltou do exílio, no início dos anos 1970, quando ingressou no tradicional afoxé Filhos de Gandhi e se tornou uma figura fundamental para sua revitalização. Inclusive, dedicando uma canção ao grupo no *Refavela*.

A palavra afoxé, de acordo com Olabiyi Babalola Joseph Yai, citado em *Carnaval Ijexá*, significa "encantamento, palavra eficaz, operante", uma tradução que, de forma poética, Risério entende como "a palavra que faz" ou "fórmula mágica". No entanto, ele estranha os motivos de essa palavra ter passado a "designar as entidades, clubes, ou agremiações carnavalescas" da Bahia, e apresenta a hipótese formulada por Olabiyi Yai para explicar a questão:

---

[3] RISÉRIO, Antonio. *Carnaval Ijexá: notas sobre afoxés e blocos do novo carnaval afro-baiano.* Salvador: Editora Corrupio, 1981. p. 21.

> Olabiyi acredita que esta transformação semântica seja explicável pelo fato de os primeiros grupos de afrocarnaval, rivalizando-se mutuamente, terem trocado afoxés (no sentido de fórmula mágica) entre si. Com o tempo, a expressão afoxé teria passado a designar os próprios grupos afrocarnavalescos (...)[4]

Ao utilizar o termo "afrocarnaval", Risério se refere a um fenômeno novo que acontecia no cenário baiano dos anos 1970: a criação de afoxés e blocos carnavalescos de Salvador dedicados à temática africana. Ijexá, por sua vez, é o nome de uma etnia da África falante do iorubá, principal grupo linguístico da atual Nigéria. Mas, para os jovens negros do carnaval afro-baiano, Ijexá significa o ritmo e a dança dos afoxés. A transposição semântica também é complexa. Risério arrisca que ela possa ter ocorrido porque, entre os ijexás, os tambores são percutidos com as mãos, assim como nos afoxés, diferente dos candomblés das nações keto-nagô, que utilizam as baquetas chamadas de aguidavis.

Uma das marcas da reafricanização do carnaval baiano nos anos 1970 estava na afirmação da língua africana, principalmente o iorubá proveniente da África Ocidental. Constatar essa influência não é muito difícil, basta listar os nomes dos blocos e afoxés criados no período: Ilê Aiyê, Araketu, Olorum Babá Mi, Male Debalê, Obá Dudu Agoiyê, Olodum, Rumpylé, Tenda de Olorum, entre outros.

Risério explica que um dos motivos da escolha do uso do conceito reafricanização é o fato de esse não ser um fenômeno completamente novo. Havia ocorrido no carnaval da Bahia, no final do século XIX, uma "africanização" dos grupos carnava-

---

[4] RISÉRIO, Antonio. Op. cit. p. 12.

lescos, que ostentavam nomes como Pândegos da África, A Embaixada Africana, Filhos da África, A Chegada Africana, só para citar alguns exemplos mais conhecidos.

A ideia de reafricanização, obviamente, evidencia uma identificação com a África e a cultura africana, mas não está apenas voltada para um imaginário mítico sobre o continente, nostálgico de suas florestas e tribos. A consciência de que estavam recriando a cultura africana a partir de referências contemporâneas fazia parte da atitude das lideranças do carnaval afro-baiano. Com isso, o autor admite que *reafricanização* "não é o melhor termo para definir o processo", pois a utilização do "prefixo latino 're' tem o sentido de repetição, regressão, movimento para trás". E ele acredita que a direção do movimento é outra: "Os pretos se tornam mais pretos, digamos assim; se interessam cada vez mais pelas coisas da África e da negritude. Mas vivem, intensa e essencialmente, o presente, jogando aberto para o futuro."[5]

Risério nota também a passagem que acontece naquele momento do componente "black", mais utilizado no Rio de Janeiro e que marca a questão racial, para o "afro", que ganha mais força na Bahia e destaca características étnicas. Em termos de estilo, essa distinção podia ser percebida na época, literalmente, na cabeça da juventude. Enquanto os jovens negros cariocas privilegiavam o cabelo black power, a moçada afro-baiana desfilava por Salvador ostentando as chamadas "trancinhas nagô".

Gil traduzia esse movimento de reafricanização no seu disco *Refavela*, ao misturar temáticas da África tradicional — orixás, instrumentos como o balafon, a língua iorubá — a uma

---
[5] RISÉRIO, Antonio. Op. cit. p. 13.

linguagem pop, incorporando novas tecnologias de gravação e o ritmo dançante do funk. Não por acaso, a obra foi citada no *Carnaval Ijexá*: "É interessante observar o comportamento da juventude negro-mestiça frente a essas novas realidades do mundo urbano-industrial — vivência do 'ambiente efervescente/ de uma cidade a cintilar', nas imagens perfeitas de Gilberto Gil, que captou maravilhosamente o lance na música 'Refavela'."[6]

3. O Black Rio

Ainda que Gil tenha privilegiado as características "afro" em *Refavela*, como pode ser percebido em músicas como "Ilê Ayê", "Babá Alapalá", "Balafon" e "Patuscada de Gandhi", a influência "black" está presente no álbum em músicas como a própria "Refavela" e "Samba do avião". Mais do que isso, a nova onda soul no Rio de Janeiro, batizada pela mídia de Black Rio, fazia parte das reflexões do compositor sobre a cultura brasileira. Em defesa do movimento, Gil afirmou:

> Agora, no momento em que aparece o título do poema, o sujeito já condena o poema todo, sem saber os versos que tem... O poema chama-se Black Rio, vai ser escrito, está por ser escrito, e todo mundo já está condenando o negócio... É preciso deixar que se escreva o poema.[7]

---

[6] Idem.
[7] BAHIANA, Ana Maria. "A paz doméstica de Gilberto Gil" (publicado originalmente no jornal *O Globo*, em 10 de julho de 1977). In: COHN, Sergio. *Gilberto Gil — Encontros*. Rio de Janeiro: Beco do Azougue, 2007. p. 148.

Ao comparar o Black Rio com o título de um poema que "está por ser escrito" Gil indica que o nome dado ao movimento já o condicionava a uma crítica preestabelecida, principalmente devido a sua importância para a propagação da soul music, o que soava como uma afronta aos ouvidos dos músicos tradicionalistas brasileiros. Gil, ao contrário, celebrou o movimento Black Rio no *Refavela*, sintonizado com a música que emergia das periferias onde viviam as comunidades negras das grandes capitais do Brasil. Além disso, fez uma defesa pública do movimento como expressão artística e cultural ainda em processo, que precisava de tempo para incorporar ao seu repertório elementos mais próximos da realidade social brasileira. Gil argumentava que as críticas endereçadas ao Black Rio lembravam as que atingiram anteriormente os músicos da Bossa Nova, da Jovem Guarda e do próprio Tropicalismo.

Conforme Gil apontava, era evidente que a questão principal que envolvia as críticas ao movimento Black Rio dizia respeito à firme ostentação de uma cultura "estrangeira" e, principalmente, norte-americana. Quanto a isso, não havia o que negar, nem mesmo era esse o interesse dos integrantes do Black Rio. A influência norte-americana era fortemente assumida e as razões eram claras. Foi dos negros dos Estados Unidos que veio a inspiração para a luta.

Em 1966 o grito "Black Power" ecoou pela primeira voz nos Estados Unidos, na voz de Stokely Carmichael, importante líder da campanha pelos direitos civis, em meio ao ataque de policiais, munidos de cassetetes e bombas de gás lacrimogêneo, a uma manifestação dos ativistas. Nesse memso ano, os jovens Huey P. Newton e Bobby Seale criaram o emblemático Partido dos Panteras Negras. Fundado em Oakland, na Califórnia, o grupo não se furtou a pegar em armas para lutar contra a violência policial que aterrorizava as comunidades negras dos Estados Unidos.

Nesse contexto se deu a perseguição à professora da Universidade da Califórnia (Ucla) e ativista negra Angela Davis, que também se declarava comunista e, por isso, em 1969, foi demitida de seu emprego na Ucla, em meio a uma campanha liderada pelo então governador do estado e futuro presidente do país Ronald Reagan. Um ano depois, em 1970, ela foi acusada de ter participado de uma ação que resultou na morte de um juiz branco e três ativistas negros. Para se proteger das constantes ameaças que sofria, Angela havia comprado dois revólveres. As suas armas foram utilizadas pelos militantes, embora ela não estivesse presente na cena do crime.

A ativista entrou para a lista do FBI das dez pessoas mais procuradas do país. Depois de uma caçada que mobilizou todo o aparato policial norte-americano, Angela finalmente foi presa. Os promotores pediram a pena de morte e seu julgamento se tornou um dos mais importantes acontecimentos da época nos Estados Unidos. O que a salvou, além da destreza de seus advogados, que conseguiram provar sua inocência, foi uma imensa campanha pela sua libertação. O lema "Libertem Angela Davis e todos os presos políticos" ecoou com veemência por todo o país e fora dele também. Até mesmo os Rolling Stones, que não costumavam compor canções políticas, dedicaram uma composição para ela, intitulada "Sweet Black Angel".

Todos esses acontecimentos impactaram profundamente a formação dos jovens negros das periferias das cidades brasileiras. E o soul era a trilha sonora do movimento Black Power. Risério explica as diferentes concepções do termo, entre os anos 1960 e 1970:

A princípio, ou mais exatamente, em meados da década de 1960, a expressão "soul music" servia para designar uma determinada faixa da produção musical norte-americana, onde reinavam compositores, instrumentistas e intérpretes enraizados no rhythm and blues, com o canto se desdobrando explicitamente a partir da estética vocal da gospel music. Já nos anos 1970, o termo se generalizou de tal forma, cobrindo estilos tão variados, de Roberta Flack ao Jackson Five, que a única unidade identificável nesse terreno está no fato de todos os artistas soul serem negros.[8]

De qualquer maneira, foram as músicas de James Brown, Jackson Five, Stevie Wonder, Isaac Hayes, entre outros, que aportaram por aqui e fascinaram a juventude negra do Brasil. A onda soul se espalhou por diversas cidades, além do Rio de Janeiro, como Salvador, São Paulo, Belo Horizonte e Porto Alegre.

No Rio de Janeiro, um morador do morro da Mineira, no Catumbi, foi fundamental para a difusão da soul music na cidade. Seu nome era Oséas Moura dos Santos, mas ficou famoso nas pistas como Mister Funky Santos, um amante do rock que ficou desconcertado quando ouviu a voz de James Brown pela primeira vez. Depois disso, de acordo com os autores do livro *1976: Movimento Black Rio*, ele "cultivou uma juba black enorme e reuniu amigos para a produção do que viria a ser o primeiro baile black carioca".[9]

O futuro DJ era admirador do Baile da Pesada, que aconteceu inicialmente no Canecão, casa de espetáculos da Zona Sul

---
[8] RISÉRIO, Antonio. *Carnaval Ijexá: notas sobre afoxés e blocos do carnaval baiano.* Salvador: Editora Corrupio, 1981. p. 28-9.
[9] PEIXOTO, Luiz Felipe de Lima & SEBADELHE, Zé Octávio. *1976: Movimento Black Rio.* Rio de Janeiro: José Olympio, 2016. p. 61.

carioca, durante as tardes de domingo do mês de julho de 1970. O evento acabou se desdobrando num disco homônimo que reunia as músicas que faziam a pista de dança tremer, tamanho o sucesso que alcançou. As matinês eram comandadas por Ademir Lemos e o mítico Big Boy, os famosos "disc-jóqueis" da época, que tocavam primordialmente rock, mas também apresentavam para o público, de forma pioneira, as canções da soul music, até então um gênero musical pouco conhecido no Brasil.

Nesse mesmo período, Mister Funky Santos teve a ideia de promover bailes totalmente dedicados à soul music. As primeiras edições do evento aconteceram no Astória Futebol Clube, que também ficava no Catumbi. As festas arrastaram uma multidão de jovens negros interessados em dançar ao som de nomes como James Brown, Isaac Hayes, Rufus Thomas, Marva Whitney, entre outros artistas cujos discos não eram fáceis de encontrar nas lojas.

O Astória se tornou uma referência na noite carioca para os blacks da cidade. Os bailes capitaneados por Mister Funky Santos atraíram também um jovem que tinha recebido uma missão: criar uma atividade dominical no tradicional clube Renascença, que se tornou um dos lugares pioneiros na história do movimento Black Rio. Localizado no Andaraí, na Zona Norte carioca, foi fundado nos anos 1950, inicialmente no Méier, e sua sede foi depois transferida para as imediações da Tijuca, seu endereço até hoje. O Renascença foi criado como um espaço de recreação e lazer, mas ao mesmo tempo tinha uma proposta de afirmação social e resistência cultural da classe média negra do subúrbio carioca.

Os bailes do Astória inspiraram o jovem a pensar numa proposta semelhante para o Renascença, e ele e a diretoria do clube resolveram fazer uma visita a Mister Funky Santos. "Na época, estávamos em busca de um evento parecido. Vimos que a ideia já estava em curso, mas faltava um elemento fundamental: a consciência negra",[10] explicou o jovem, que viria a ser mais conhecido como Dom Filó. Asfilófio de Oliveira Filho, então um estudante de engenharia que transitava com desenvoltura entre as zonas Norte e Sul da cidade — engajado na luta contra o racismo e militante do orgulho negro —, se tornou um dos principais articuladores da *Noite do Shaft*, nome das festas organizadas no Renascença, que tiveram início em 1972 e se tornaram marca do movimento Black Rio. Dom Filó explicou quem era Shaft e por que ele influenciou sua geração:

> Porque na época tinha um filme americano em que um ator negro interpretava, pela primeira vez, um detetive, figura central. A trilha musical era de Isaac Hayes, um dos nossos ícones. Aquela música foi fantástica. Aquilo ali mexeu. Pegávamos uma Kodak e fotografávamos. A garotada que ia ao baile anterior se via nas semanas seguintes. Eu cortava, fotografava e fazia o slide. Ali a gente tinha a foto do Januário ao lado do James Brown, do Isaac Hayes. Assim a gente associava a questão da autoestima. E havia também as mensagens: "Eu estudo, e você?", "Família negra", "Seu brilho está em como você se vê". O cara está dançando aqui e está se vendo lá. Era autoestima pura. E tinha a hora da parada do baile, música lenta, e nessa hora você passava a mensagem, que era o nosso forte. Eu deixei de ser DJ para ser o MC. Todo mundo se vendo e olhando para o público. Nossa autoestima era, até então, muito ruim, dentro de casa a gente se autodiscriminava.

---

[10] FILHO, Asfilófio de Oliveira apud PEIXOTO, Luiz Felipe de Lima & SEBADELHE, Zé Octávio. *1976: Movimento Black Rio.* Rio de Janeiro: José Olympio, 2016. p. 57.

Se o cabelo estivesse passando um centímetro, já era macaco. Os moleques davam cascudo na gente. A gente tava cansado daquela onda. Aquilo era muito careta.[11]

Shaft era, ao mesmo tempo, personagem principal e título de um seriado de televisão norte-americano. Tratava-se de um detetive particular parecido com tantos outros da teledramaturgia — violento, corajoso, sedutor —, mas que tinha um diferencial muito importante: o protagonista era negro, interpretado pelo ator Richard Roundtree. E, como lembrou Filó, a série era embalada pelo som do lendário Isaac Hayes.

A "Noite do Shaft" buscava romper com o preconceito internalizado pelos próprios negros, que Filó chamou de "autodiscriminação", resultado de um projeto de discriminação racial exitoso no Brasil. Por meio de fotografias, colagens, projeções e mensagens que exaltavam o orgulho negro, tendo como trilha sonora a soul music, os bailes black do Renascença buscavam divertir a juventude, mas também mostrar que era possível desconstruir as imagens racistas e se autoafirmar na sociedade valorizando sua condição etnorracial.

O resultado desses bailes foi um sucesso absoluto. A Soul Grand Prix, "equipe de som" de Filó, lançou seu primeiro LP, uma coletânea de música soul, em 1975 e ganhou um Disco de Ouro, ao vender mais de cem mil cópias, ultrapassando as vendagens de artistas como Roberto Carlos. Outros dois discos foram lançados, respectivamente, em 1976 e 1978. Como con-

---

[11] CARDOSO, Edson Lopes. "Black Rio – FILÓ: uma nova postura do negro, num contexto de repressão e autoritarismo". *Irohin*, publicada em 2 de novembro de 2009. Visualizada em 9 de dezembro de 2015. Disponível em http://pelenegra.blogspot.com.br/2009/11/entrevista-de--dom-filo-sobre-os-bailes.html.

tou Filó: "Os bailes estavam atingindo um milhão de jovens no Rio de Janeiro — até então ninguém estava sabendo. Até que começaram a se preocupar. Quando a coisa começou a pegar fogo, passamos a ser o foco da repressão."[12]

A repressão aos bailes black começou quando a sociedade se deu conta da existência do novo fenômeno cultural, o que aconteceu, principalmente, devido à repercussão de uma reportagem escrita pela jornalista Lena Frias, em 17 de julho de 1976. A matéria intitulada "O orgulho (importado) de ser negro no Brasil" ocupou quatro páginas do Caderno B do *Jornal do Brasil*, revelando o universo dos bailes black para os seus leitores, o que provocou um efeito dominó sobre o assunto, alcançando diversos veículos da mídia. Hermano Vianna conta que depois dessa matéria praticamente todos os jornais e revistas do Brasil se voltaram para a cena soul e funk dos bailes cariocas.[13]

A imprensa tornou a expressão "movimento Black Rio" conhecida. Ela designava a ampla cartografia dos bailes dedicados ao soul na cidade. Ao mesmo tempo, havia um grupo de artistas negros no Brasil, também vinculados à black music, que alcançava um considerável sucesso de vendas, formado por nomes como Wilson Simonal, Tim Maia, Jorge Ben, Toni Tornado, entre muitos outros.

Com todo esse alarde e sucesso, que revelava também a existência de um público consumidor já formado, o movimento Black Rio chamou a atenção do mercado fonográfico. Dom Filó foi convidado pela gravadora WEA para produzir uma banda que tinha como missão misturar o principal produto musical

---
[12] Idem.
[13] VIANNA, Hermano. *O mundo funk carioca*. Rio de Janeiro: Zahar, 1988.

do Brasil, o samba, com o soul, o ritmo norte-americano que mobilizava a juventude negra carioca. O resultado foi a Banda Black Rio.

Liderada por Oberdan Magalhães, a Banda Black Rio foi criada em 1976 e lançou seu primeiro LP em 1977. Intitulado *Maria Fumaça*, o disco não fez tanto sucesso comercial quanto as coletâneas de soul que DJs e equipes de som costumavam lançar, mas alcançou o respeito da crítica e pelo menos uma de suas canções ganhou destaque nacional. A música instrumental que batiza o disco, "Maria Fumaça" — uma mistura de samba, soul, música de gafieira e funk —, se tornou famosa ao ser escolhida como tema musical de abertura de uma telenovela da Rede Globo, *Locomotivas*.

O sucesso e a exposição pública trouxeram a repressão da ditadura militar. Filó foi preso por policiais do Departamento de Ordem Política e Social (Dops) que bateram na porta do seu escritório, na Central do Brasil, e o levaram para um interrogatório. Os militares suspeitavam que os principais organizadores das "equipes de som"[14] recebiam financiamento dos Estados Unidos para conspirar contra a supremacia branca do país da mestiçagem.

O conceito de que o Brasil teria se formado pela mistura das três raças — indígena, africana e europeia — foi desenvolvido por Gilberto Freyre em seu clássico livro *Casa-grande & Senzala*, publicado em 1933. O aspecto inovador da obra estava em destacar o caráter positivo da mestiçagem, num contexto em que a pureza racial era defendida pelo racismo científico vigente desde o século XIX. O discurso do sociólogo também apontava

---

[14] Termo usado para referenciar um grupo de técnicos, DJs e MCs responsáveis pela aparelhagem de som e pela música dos bailes black.

para uma harmonia entre as "raças" que, na sua perspectiva, formara o Brasil.

Freyre defendia um aspecto conciliador da colonização ibérica, ao contrário da anglo-saxônica, que resultara, de acordo com ele, numa convivência pacífica entre as "raças" e que permitira a participação de nomes de negros proeminentes, como os do escritor Machado de Assis, do engenheiro André Rebouças, do psiquiatra Juliano Moreira, entre outros, na formação sociocultural do país. Este pensamento também ficou conhecido como fundador do mito da "democracia racial" brasileira.

A partir desse ponto de vista, Freyre se colocou publicamente contra a Lei Afonso Arinos, promulgada em 3 de julho de 1951 pelo presidente Getúlio Vargas. Proposto pelo deputado federal mineiro Afonso Arinos de Melo Franco, esse era o primeiro código brasileiro a proibir a discriminação racial no País. No entanto, essa legislação não qualificava o ato como crime, mas como contravenção penal. O que motivou a Lei Afonso Arinos foi um incidente que aconteceu em São Paulo, em 1951, quando a antropóloga, coreógrafa e ativista negra norte-americana Katherine Dunham foi impedida de se hospedar num luxuoso cinco estrelas paulista, o Hotel Esplanada. Dunham denunciou o preconceito que sofreu para os principais jornais e revistas da época, mostrando que havia discriminação racial no Brasil, produzindo um impacto na opinião pública brasileira que foi fator primordial para a criação da lei.

De certo modo, a nova lei mantinha a "democracia racial". E o governo militar preferia a manutenção desse cenário, embasado pelos escritos de Freyre, que diziam não haver conflitos raciais no país. Por isso, a emergência do movimento Black Rio soava como uma ameaça à manutenção desse *statu quo*.

Em 2015, quando foi convidado para dar o seu depoimento à Comissão Nacional da Verdade (CNV), quase quatro décadas depois de ter sido interrogado pelos agentes do Dops, Filó teve a confirmação de que o movimento Black Rio estava sendo investigado pelo governo militar. Instalada oficialmente em maio de 2012, a CNV foi formada por membros da sociedade civil indicados pela então presidente da República Dilma Rousseff. Sua misssão era investigar os crimes e violações dos direitos humanos praticados entre 1946 e 1985 por agentes do Estado brasileiro, no país e no exterior. Foi durante os trabalhos da CNV, concentrados principalmente no período da ditadura militar, entre 1964 e 1985, que surgiram os documentos que comprovavam os reais motivos da repressão ao Black Rio.

Em dezembro de 2015, Filó postou no Facebook um documento inédito e importante. Tratava-se de um relatório com a tarja "Confidencial", emitido pelo Dops 40 anos antes da postagem, em fevereiro de 1975, e que destacava o assunto: "Black Power". O parecer do Informe 17 dizia o seguinte:

> Esta agência recebeu o informe de que estaria sendo forjado no Rio um grupo de jovens negros de nível intelectual acima da média, com pretensões de criar no Brasil um clima de luta racial entre brancos e pretos.
>
> Consta que o grupo é liderado por um negro norte-americano que controla o dinheiro que parece chegar de fora, possivelmente dos Estados Unidos. Estariam sendo aliciados jovens negros da escola de samba Portela, em Madureira.
>
> Algumas metas do grupo seriam:
> - sequestrar filhos de industriais brancos
> - criar um bairro só de negros
> - criar ambiente de aversão a brancos entre os negros

À época, as lideranças do movimento Black Rio eram suspeitas de sequestro, subversão e de serem manipuladas por um "negro norte-americano", o que mostra o temor dos militares brasileiros de que se instalasse no Brasil um "clima de luta racial" como acontecia nos Estados Unidos. De acordo com Filó, a partir da difusão do informe, "agentes do Dops passaram a acompanhar de perto bailes e ações de pessoas ligadas ao movimento black. As idas de agentes aos bailes geraram relatórios com uma minuciosa descrição dos gestos, das roupas, do tipo de música e das discussões feitas naqueles espaços". Portanto, além de serem provas da repressão da ditadura militar sofrida pelo Black Rio, os relatórios também podem ser analisados atualmente como uma documentação importante para se entender o movimento e as preocupações políticas dos generais no poder.

O clima de perseguição, no entanto, se tornara público com a célebre reportagem de Lena Frias, que trazia uma declaração de Nirto, primo de Filó e um dos articuladores da Soul Grand Prix, sobre o assunto. De acordo com ele, não havia entre os blacks nenhuma das intenções listadas no relatório do Dops.

> Esse negócio é muito melindroso, sabe? Poxa, não existe nada de político na transação. É o pessoal que não vive dentro do soul e por acaso passou e viu, vamos dizer assim, muitas pessoas negras muito juntas, então se assusta. Se assustam e ficam sem entender o porquê. Então entram numa de movimento político. Mas não é nada disso. (...) É curtição, gente querendo se divertir.[15]

Além da repressão da ditadura militar, o movimento Black Rio sofreu críticas severas dos setores nacionalistas da esquerda

---

[15] FRIAS, Lena. "O orgulho (importado) de ser negro no Brasil". *Jornal do Brasil*, 17/7/1976, p. 4.

brasileira e das lideranças negras tradicionais. Em 1977, mesmo ano em que Gil foi para a Nigéria e lançou *Refavela*, o sambista Candeia gravou a sua composição "Sou mais o samba", para o disco coletivo *Quatro grandes do samba* (ao lado de Nelson Cavaquinho, Guilherme de Brito e Elton Medeiros). No encarte do disco, Moacyr Andrade escreveu:

> Candeia está aqui... com um recado — "Sou mais o samba" — aos jovens que um novo modismo importado, um "tal de soul", pretende envolver. Essa faixa, que abre o lado B, é uma advertência contra a brasilidade descaracterizada e Candeia faz questão de dizer que, quando afirma que não é africana, não está negando suas origens: para ele, "o negro brasileiro é o maior herdeiro da cultura africana". Sua interpretação é criativa e solta.

Nesse período, Candeia intensificava sua luta pela defesa das culturas tradicionais de matriz africana e contestava as influências externas a essas manifestações, que modificavam a estrutura das escolas de samba. Como crítica a esse processo, o sambista deixou a Portela e criou o Grêmio Recreativo de Arte Negra Escola de Samba Quilombo, no emblemático ano de 1976. Assim, dois importantes polos de produção artística e contestação política relacionados à causa negra e à luta contra o racismo, a Escola de Samba Quilombo e o movimento Black Rio, surgiram no mesmo ano, mas com perspectivas de atuação bastante distintas.

As críticas que vinham de diversos setores tradicionais e nacionalistas convergiam para um ponto em comum: a assimilação pelos jovens da Black Rio de um "orgulho (importado) de ser negro no Brasil", como bem definiu o título da matéria de Lena Frias.

Em meio a esse cenário, Gilberto Gil se colocou como uma voz dissonante, não apenas reconhecendo a importância estética e cultural do movimento Black Rio, como também mostrando-se atento a sua potência política. Por isso, o compositor incorporou seu discurso ao conceito do *Refavela*.

Uma influência importante para Gil, nesse sentido, foi Jorge Ben. Em 1975, eles lançaram, juntos, o disco duplo *Gil & Jorge: Ogum, Xangô*. Gravado pela Philips, o álbum investia no improviso, no experimentalismo e no virtuosismo da dupla. A ideia de reunir dois ícones da música brasileira no estúdio para lhes dar liberdade absoluta de criação foi de André Midani, então diretor da Philips. Midani vislumbrou o disco depois de uma jam session informal que aconteceu em sua casa a qual contou com nada menos do que Eric Clapton, Cat Stevens, Gil e Jorge. Os brasileiros foram os últimos a tocar na jam, improvisando magicamente diante da plateia enfeitiçada, formada por Clapton, Stevens e o próprio Midani.

Um ano depois, em 1976, Jorge Ben havia apresentado ao público um disco inovador, que se tornou um divisor de águas em sua carreira, com o sintomático título de *África Brasil*. A canção-título do disco era uma regravação de "Zumbi", lançada em 1974 no álbum *A tábua de esmeralda*. A letra da música parecia antever as independências africanas que seriam proclamadas nos anos subsequentes: "Eu quero ver o que vai acontecer/ Quando Zumbi chegar." De forma bastante evidente, o compositor utilizava a figura do mítico líder do Quilombo dos Palmares como símbolo de libertação dos países africanos.

A principal mudança entre *A tábua de esmeralda* e *África Brasil* seria o instrumental que Jorge Ben utiliza nas duas gravações da canção. Na primeira versão, o resultado é principalmente acústico, enquanto na segunda fica marcada a opção definitiva do músico pela guitarra elétrica, conforme ele mesmo explicou numa entrevista para a revista *Rolling Stone*.

Solta o pavão [álbum de 1975, intermediário entre o superacústico *A tábua de esmeralda*, de 1974, e o elétrico *África Brasil*] já foi tocado em um Ovation, aquele violão amplificado que era o meio do caminho entre guitarra e violão, mas tinha som de acústico. Quando fui gravar o *África Brasil*, nós tentamos fazer o mesmo, mas realmente não soava bem porque era muita gente fazendo barulho: duas baterias, dois baixos, metaleira, dois teclados, tudo duplo! E toda aquela percussão.[16]

África Brasil, de fato, reuniu no estúdio da Phonogram um amplo repertório de instrumentos musicais, entre eles congas, tumbas, atabaques, pandeiros, cuícas, ao lado do conjunto de bateria, trompete, sax, baixo e guitarras elétricas. Em 2002, o disco ficou na 22ª posição na lista dos cinquenta álbuns mais *cool* de todos os tempos, elencados pela *Rolling Stone* norte-americana.

Apesar da importância de *África Brasil* para a carreira de Jorge Ben, esta não é uma das obras preferidas do cantor e compositor. O principal motivo do seu descontentamento com esse trabalho foi a troca do produtor André Midani, que estava à frente do projeto e deixou a Phonogram para presidir a Warner, por Marcos Mazzola, que também fez a mixagem e finalizou o disco. O músico explicou para a imprensa da época por que não gostou do resultado final do álbum:

> (...) o *África Brasil* não foi um disco ainda como eu queria fazer, sabe? Porque o *África Brasil* foi feito numa pressa terrível e eles lá me sabotaram, não esperaram eu chegar; eu queria estar aqui pra

---

[16] PRETO, Marcus. "Jorge Ben Jor: eterna redescoberta". *Rolling Stone*, Edição 9. Junho de 2007.

assistir à mixagem. Na época, um diretor amigo meu que estava fazendo o disco comigo passou para a Warner. Aí sabotaram o trabalho dele, fizeram uma mixagem que não tinha nada que ver.[17]

Apesar dos problemas apontados pelo músico, o conceito do álbum, de certa maneira, dialogava com *Refavela*. O disco lançado por Jorge Ben também destacava em algumas de suas faixas a influência da sonoridade mais pesada do funk e do soul norte-americano, ao mesmo tempo que dialogava com o tema das relações contemporâneas entre Brasil e África.

Além da canção-título, havia apenas outras três músicas dedicadas à temática africana e afro-brasileira no álbum: "Ponta de lança africano (Umbabarauma)", "Cavaleiro do cavalo imaculado" e "Xica da Silva". Apesar dos diálogos possíveis entre *África Brasil* e *Refavela*, fica claro que o disco de Gil é um projeto mais denso de reflexões sobre as questões que o disco de Jorge Ben anuncia. Vale lembrar uma pequena curiosidade: entre os músicos que acompanharam Jorge Ben na gravação desse disco que se tornou *cult* estava o saxofonista Oberdan Magalhães, que no mesmo ano criaria a banda Black Rio.

4. O exílio e a diáspora

Em 1977, Gilberto Gil tinha 35 anos, era um artista maduro que havia construído uma carreira repleta de sucessos, mas que também tinha passado por situações bastante difíceis, desde a década de 1960, quando surgiu para o público. Alguns desses momentos mais marcantes foram a sua prisão e o posterior exílio, junto com

---

[17] BEN, Jorge, Jornal *Última Hora*, 1 de novembro de 1977.

Caetano Veloso, que aconteceram entre o fim de 1968 e o início de 1969, quando a ditadura militar se tornava ainda mais violenta e repressiva, como mostrou a promulgação do Ato Institucional nº 5 (AI-5). O decreto, assinado em dezembro de 1968 pelo então presidente Costa e Silva, dava amplos poderes ao regime militar, uma vez que o presidente podia fechar o Congresso Nacional, as Assembleias Legislativas e as Câmaras de Vereadores, cassar mandatos políticos federais, estaduais e municipais, demitir funcionários públicos, censurar atividades artísticas e da mídia em geral e suspender os direitos políticos dos cidadãos.

O episódio que contribuiu decisivamente para que a dupla de músicos entrasse na mira do governo militar aconteceu na Boate Sucata, no Rio de Janeiro. Em meio ao clima pesado do AI-5, Gil e Caetano ostentaram no show o poema-bandeira do artista visual Hélio Oiticica, que trazia o verso "Seja marginal, seja herói" estampado sobre a imagem de um homem morto. Tratava-se de Alcir Figueira da Silva, que fugia da polícia e saltou de uma ponte quando se viu encurralado. Impactado com o suicídio do marginal anônimo, Oiticica criou a bandeira a partir da foto, publicada na imprensa, do fugitivo estendido nas águas rasas de um rio.

O incidente na Boate Sucata ocorreu porque um agente do Dops, Carlos Mello, que inspecionava o espetáculo, não gostou do elogio à marginalidade e ordenou que o poema-bandeira fosse retirado. Os compositores aceitaram retirá-lo, mas Caetano protestou no palco, publicamente, contra essa censura. Depois, eles foram acusados por um radialista de São Paulo, Randal Juliano, de terem ridicularizado o Hino Nacional nesse mesmo show.

Os tropicalistas foram presos em 27 de dezembro de 1968 e se exilaram de forma voluntária, para evitar represálias no Brasil e manterem sua liberdade como artistas e indivíduos. Depois de uma breve passagem por Paris acabaram se fixando em Londres, onde ficaram entre 1969 e 1972. Apesar de ter sido um momento bastante duro, o contato com o multiculturalismo londrino contribuiu para aproximar Gil ainda mais da temática afrodiaspórica. Foi em Londres, por exemplo, que Gil e Caetano ouviram pela primeira vez o reggae, o ritmo jamaicano que surgiu no fim dos anos 1960 e mais tarde ganhou o mundo.

A descoberta do reggae teve grande impacto sobre Gilberto Gil, a ponto de ele se tornar um dos principais divulgadores do ritmo no Brasil, principalmente no disco *Realce*, último da trilogia. Nesse LP, gravado em 1979, lançou a música "Não chores mais", uma versão de "No Woman, No Cry", de Bob Marley. Que veio a se tornar um dos maiores sucessos da carreira do compositor baiano.

Ainda assim, é certo que Caetano foi o primeiro compositor brasileiro a citar o ritmo jamaicano, na música "Nine Out of Ten", gravada no seu disco experimental londrino *Transa*, lançado em 1972. Os versos da canção diziam: "Walk down Portobello Road to the sound of reggae/ I'm alive" [Desço a Portobello Road ao som do reggae/ Eu estou vivo].

No contexto londrino, o encontro com o reggae ganhava contornos políticos. A Jamaica havia sido mantida como colônia da Inglaterra até 1962, e a tensão pós-colonial podia ser sentida nos guetos de Londres, como no bairro jamaicano de Brixton, que sofria frequentemente com a violência da polícia Inglesa, como mostrou depois a música do Clash "Guns in Brixton". Essa canção é de 1979, mas há outras anteriores que retratam tais conflitos, como as de Linton Kwesi Johnson. Poeta e músico nascido na Jamaica e criado no bairro jamaicano de Londres, que se tornou uma das principais vozes de contestação à opressão policial na Inglaterra e à condição subalterna em que viviam os imigrantes e seus descendentes, principalmente os negros do Caribe. Referindo-se aos tropicalistas, Christopher Dunn afirmou que "sua condição de exilados políticos provenientes de um país periférico em contato com imigrantes caribenhos abriu novas perspectivas com base na diáspora africana que eles exploraram posteriormente, na década de 1970".[18]

Na época da gravação de *Refavela* – e ainda nos dias atuais – a diáspora africana se reconfigurava culturalmente nos espaços periféricos para onde foram empurrados os negros — os guetos dos Estados Unidos, da Europa, do Caribe e da América do Sul. No entanto, as manifestações culturais da diáspora não estavam presentes apenas nas práticas tradicionais afrodescendentes. Nesses lugares marginais surgiram formas musicais diaspóricas contemporâneas, criadas entre o fim dos anos 1960 e o início dos anos 1970, como o funk, o rap e o reggae.

O exílio foi também a oportunidade que Gil teve de perceber a movimentação musical dos jamaicanos, caminhando pelas ruas da "Swinging London". Artista negro, exilado na Europa por uma ditadura militar da América Latina, Gil tinha muitos motivos para se identificar com a condição marginal e periférica dos músicos caribenhos na capital da Inglaterra.

A percepção de ser um artista da diáspora africana surgiu com a experiência do exílio. Essa consciência foi fundamental para *Refavela,* obra que Christopher Dunn muito acertadamente definiu como "uma brilhante e extensa reflexão sobre a África e os afro-brasileiros, dentro de uma perspectiva diaspórica contemporânea".[19]

---

[18] DUNN, Christopher. *Brutalidade jardim: a Tropicália e o surgimento da contracultura brasileira*. São Paulo: Editora Unifesp, 2008. p. 194.
[19] DUNN, Christopher. Op. cit. p. 212.

5. A trilogia

Quando voltou do exílio, em 1972, Gil trouxe de volta na bagagem uma forte influência da cultura pop, principalmente o rock, que deu o tom do seu disco *Expresso 2222*, lançado nesse mesmo ano. No entanto, o retorno ao Brasil despertou no compositor uma necessidade de retomar suas raízes nordestinas, que ele considerava a matriz de sua identidade artística. Esse ímpeto o levou à criação do álbum *Refazenda*. Conforme ele explicou:

> É o disco onde se explicita definitivamente uma vocação da música nordestina em mim, que é uma coisa que vinha desde sempre — desde "Roda", "Louvação", 'Viramundo', "Procissão"... Eu sou isso, é a minha primeira coisa, depois é que vem o samba e o pop em geral.[20]

Refazenda, lançado em 1975, acabou se tornando o primeiro disco dessa trilogia sobre a "revisita" — termo cunhado pelo próprio Gil — que ele produziu durante a segunda metade dos anos 1970 e que ainda contaria com *Refavela* e *Realce*. Portanto, para entender *Refavela* é preciso descrever o contexto da trilogia em que está inserida, e que marcou a sua criação. Ao pensar na formulação do álbum, Gil já sabia que ele seria a segunda parte de sua reflexão sobre a revisita. Esse caminho começou a ser trilhado dois anos antes de *Refazenda*. Em 1973, Gil gravou com grande sucesso o compacto "Eu só quero um xodó", junto com Dominguinhos, coautor da canção. Exímio tocador de acordeom — discípulo do grande mestre do forró Luiz

---

[20] FRÓES, Marcelo. *Coleção Gilberto Gil 70 anos – Refazenda.* Vol. 7. Rio de Janeiro: Innovan Editora Ltda., 2011. s/p.

Gonzaga —, Dominguinhos foi o elo que reconectou o compositor baiano com o universo do cancioneiro nordestino. Sobre o primeiro disco da trilogia, Gil explicou: *"Refazenda* pintou como uma ideia de rever tudo, de voltar às raízes e de relembrar o sertão, com a música que vinha a partir de Luiz Gonzaga, ligada mais ao pop nordestino do que às manifestações da música folclórica, como havia sido com *Expresso 2222*."[21] O sucesso "Eu só quero um xodó" não entrou no disco, mas sim uma outra composição em parceria com Dominguinhos, intitulada "Lamento sertanejo", que também trazia o tema da vida no sertão em contraposição ao choque com o ambiente urbano.

Ainda no mesmo ano de lançamento de *Refavela*, Gil gravou um outro disco, *Refestança*, com Rita Lee, resultado de uma turnê realizada com a cantora e seu grupo Tutti Frutti. Mas esse trabalho não fazia parte da trilogia, como o próprio Gil explicou: "Quando eu fiz *Refavela*, eu já sabia que era a segunda parte de uma trilogia que eu iniciara. Mas eu tinha consciência de que a terceira parte não seria *Refestança*."[22]

Realce foi gravado nos Estados Unidos. O compositor estava dando início a uma bem-sucedida carreira no exterior, que havia deslanchado definitivamente com o disco *Ao vivo em Montreux*, lançado em 1978, registro do show feito no famoso festival de música da cidade suíça. No ano seguinte, foi a vez de uma nova investida no mercado internacional, e Gil lançou o LP *Nightingale*, que o levou a excursionar por várias cidades norte-americanas. Gil contou como gravou *Realce* em meio a essa turnê:

---

[21] FRÓES, Marcelo. Op. cit. s/p.
[22] FRÓES, Marcelo. *Coleção Gilberto Gil 70 anos – Refavela*. Vol. 8. Rio de Janeiro: Innovan Editora Ltda., 2011. s/p.

Depois de gravar o *Nightingale*, eu ainda voltei aos Estados Unidos para divulgar o lançamento e aí acabei ficando em Los Angeles para gravar o próximo disco, *Realce*. A ideia foi do Mazzola, que já conhecia o engenheiro de som do estúdio Westlake. Acabei fazendo a música "Realce" a partir de esboços que levei do Brasil, enquanto viajava de ônibus divulgando o LP *Nightingale* na *college tour*.[23]

O músico se referia aos shows que fez em várias universidades dos Estados Unidos para divulgar *Nightingale*. Além da ideia do college tour, o produtor Mazzola também deu outra importante contribuição para a carreira de Gil: foi ele quem insistiu para o compositor gravar a versão em português que havia feito para a música "No Woman, No Cry", de Bob Marley.

Gil conheceu essa canção de Bob Marley — que estourara naquele ano — no Brasil, mais precisamente na chamada "Jamaica brasileira", como é conhecida São Luís, a capital do Maranhão. O culto ao reggae na cidade é uma das principais marcas de sua identidade cultural. "No Woman, No Cry" chamou a atenção de Gil, que compôs a versão: "Não chores mais".

O cantor e compositor apresentava sua versão do reggae de Bob Marley nos shows que fazia na época, e que Ricardo Graça Mello pediu para gravá-la. Gil a princípio concordou, mas foi convencido por Mazzola a gravar "Não chores mais" ele mesmo. O produtor argumentava que a versão do Gil tinha forte conotação política, relacionada à ditadura brasileira, apesar da Lei da Anistia, promulgada naquele mesmo ano de 1979.

---
[23] FRÓES, Marcelo. *Coleção Gilberto Gil 70 anos — Realce*. Vol. 3. Rio de Janeiro: Innovan Editora Ltda., 2011. s/p.

De fato, os versos diziam respeito a "amigos presos/ amigos sumidos assim/ pra nunca mais".

Gil gravou "Não chores mais" no Rio de Janeiro, no Estúdio Transamérica, pouco antes de voltar aos Estados Unidos para a turnê de *Nightingale*, que aconteceu entre março e abril de 1979. Os ex-mutantes Sergio Dias, na guitarra, e Liminha, no baixo, além do maestro e tecladista Lincoln Olivetti, acompanharam o cantor baiano na gravação. O resultado foi um sucesso estrondoso, lançado no Brasil num compacto, tendo vendido 800 mil cópias. Com toda essa repercussão, "Não chore mais", nas palavras de Gil, "entrou naturalmente como música de sustentação do LP".

Gil gravou *Realce* no Westlake Audio, em Hollywood. A banda responsável por essa gravação histórica foi formada por Rubão Sabino, no baixo, Luiz Carlos, na bateria, Tuca, nos teclados, e Djalma Corrêa, na percussão. Também participaram músicos norte-americanos, como o guitarrista Steve Lukather, do grupo Toto, e o tecladista Jerry Hey, do Earth, Wind and Fire, que tocaram em "Realce", faixa-título da última parte da trilogia.

Considerado pelo próprio Gil como seu disco mais pop, *Realce* buscava um "terceiro movimento", que surgiu um pouco depois da black music como uma nova e também polêmica cena musical, a da disco music, celebrada nas pistas de dança, salpicadas por luzes coloridas e roupas brilhantes. Por isso, como explica o compositor, a música "Rebento", também parte do disco, não foi executada como música de trabalho do disco, conforme propôs o produtor Mazzola. Para Gil, "(...) ela não dava conta do conceito geral – como um terceiro movimento. *Realce* tinha a coisa da música associada à cultura de massa e ao brilho anônimo das pessoas na época da disco music".[24]

Entre o universo rural de *Refazenda* e o brilho da disco music de *Realce* estava o "mundo negro" que Gil buscava compreender em *Refavela*.

6. O Festac e a Nigéria

A viagem à Nigéria foi definitiva para a densidade da reflexão que Gil mostrou em *Refavela*. E foi a experiência de conhecer o país africano que motivou a feitura do disco.

> Eu queria aprofundar a questão da revisita... e aí a oportunidade foi com a África e o festival na Nigéria, que foi uma coisa enorme! Na volta, concluí que depois da fazenda haveria a favela — ambos territórios importantes, periféricos ao centro da civilização brasileira. O conceito já estava praticamente estabelecido, mas a coisa da África foi fundamental...[25]

Gil deixava o bucolismo da imersão na fazenda para se lançar no turbulento universo da favela. E a oportunidade de ir para a África foi o impulso que ele precisava para que o projeto alcançasse uma dimensão global e diaspórica.

O II Festival Mundial de Artes e Cultura Negra (Festac) aconteceu em 1977, em Lagos, na Nigéria, e recebeu 75 países. A

---

[24] FRÓES, Marcelo. *Coleção Gilberto Gil 70 anos – Realce*. Vol. 3. Rio de Janeiro: Innovan Editora Ltda., 2011. s/p.
[25] FRÓES, Marcelo. *Coleção Gilberto Gil 70 anos – Refavela*. Vol. 8. Rio de Janeiro: Innovan Editora Ltda., 2011. s/p.

delegação brasileira foi composta por cerca de 160 representantes, entre eles Gilberto Gil e Caetano Veloso. Também participaram da comitiva a mãe de santo baiana Olga de Alaketu e o saxofonista carioca Paulo Moura, além de artistas visuais, intelectuais, cineastas e dançarinos. O evento gerou controvérsias no Brasil. O ativista e artista negro Abdias do Nascimento criticou os critérios de escolha dos participantes da comitiva brasileira, uma vez que ele mesmo não havia sido convidado para participar do festival.

Polêmicas à parte, o governo brasileiro estava empenhado em estabelecer boas relações comerciais com os países da África independente. Vale lembrar, mais uma vez, que o Brasil, com o mesmo objetivo, foi a primeira nação a reconhecer a independência de Angola, em 1975.

A Nigéria, diferentemente de Angola, não passara por um processo revolucionário de luta de libertação. Sua independência foi alcançada num acordo com a Inglaterra, em 1960, que até então mantinha o país como colônia – uma negociação que ocorreu depois das diversas revoltas populares que tomaram de assalto as cidades nigerianas, muitas vezes de forma violenta, reivindicando a sua autonomia como nação. Após a independência, o país sofreu um golpe de Estado, em 1965, e passou por uma guerra civil, conhecida como Guerra de Biafra, que durou de 1967 a 1970. A violência na Nigéria continuou e, em 1976, o general Murtala Muhammed, então chefe do governo, foi assassinado. Um ano depois, Gil e a comitiva brasileira desembarcaram em Lagos.

As questões políticas não impediram que Gil mantivesse um olhar atento e empolgado para ruas, feiras, tecidos, balbúrdias e sonoridades de Lagos. Ao contrário, a viagem para a Nigéria foi reveladora das suas contradições, riquezas e desigualdades sociais, como mostrou o compositor nos versos de "Refavela":

> Marfim da Costa
> De uma Nigéria
> Miséria, roupa de cetim

O encontro com a África rendeu não apenas a certeza de que havia um disco a ser feito quando retornasse ao Brasil, mas em solo nigeriano várias canções foram compostas por Gil, inclusive a canção central, que abre e batiza o disco, "Refavela".

Caetano Veloso, por sua vez, não dedicou um LP inteiro à experiência africana, mas compôs uma canção na Nigéria que entrou no disco *Bicho*, gravado logo após a volta da África, em 1977. Conforme Caetano explicou numa entrevista para o *Jornal do Brasil*, em julho daquele ano:

> Two Naira Fifty Kobo" foi o apelido que o pessoal deu ao motorista que trabalhava pra gente em Lagos. Ele ouvia música dia e noite. É uma figura inesquecível. Fiz a melodia em Lagos mesmo, sentindo o clima das músicas que ouvia por lá... "Two Naira Fifty Kobo" é a minha canção da *Refavela*.

Curiosamente, no mesmo ano em que Gil e Caetano visitaram a Nigéria, Pierre Verger também desembarcou no país, convidado para atuar como professor visitante da Universidade de Ifé, entre 1977 e 1979. Não era a primeira vez que o fotógrafo e etnólogo francês pisava em solo nigeriano. Desde 1946, quando chegou a Salvador, Verger empreendeu viagens sucessivas à África.

O que motivava Verger era seu projeto de colocar Brasil e África em contato para provar os fluxos e refluxos entre os dois polos do oceano Atlântico. O ponto de partida foi seu encontro com o candomblé, em Salvador, na Bahia, onde fixou residência. Impressionado com as "sobrevivências" africanas no rito religioso afro-baiano, ele realizou uma série de viagens à Costa Ocidental do continente africano, principalmente à atual República de Benim e à Nigéria. A partir dessas primeiras viagens, Verger passou a ser um mediador entre Brasil e África, privilegiando os aspectos das culturas iorubá, predominantes na Nigéria, e fon, que ocupa principalmente o território do Benim.

Em 1998, Gil voltou à Nigéria para filmar o documentário em homenagem ao fotógrafo francês, *Pierre Verger: o mensageiro de dois mundos*, de Lula Buarque de Hollanda. De certa maneira, Gil, assim como Verger, teve a oportunidade de atravessar o Atlântico para realizar suas conexões entre os dois mundos. *Refavela* é o resultado desse trânsito diaspórico.

Gostaria de encerrar essa primeira parte com uma narrativa pessoal sobre o trânsito entre Brasil e África. Espero que minhas impressões de viagem possam ajudar na compreensão de *Refavela*, apesar das temporalidades distintas que cercam a Nigéria que Gil visitou pela primeira vez, em 1977, e a que eu conheci quase três décadas depois, em 2014.

Assim como aconteceu quando Gil desembarcou em Lagos, também encontrei uma Nigéria convulsionada por violência e problemas políticos. O grupo extremista islâmico Boko Haram aterrorizava o país, principalmente o norte — onde havia raptado mais de duzentas alunas de uma escola —, mas também atacava a região central. Abuja, a capital, havia sofrido um atentado poucos dias antes da minha chegada. Enquanto fazia as malas, via pela televisão as imagens de um ônibus em chamas e de pessoas desesperadas.

O clima tenso marcou meu desembarque em Lagos, mas me deparei com a principal cidade nigeriana, como Gil também observou, vivendo entre a pobreza, a violência e a festa. Guardadas as devidas diferenças, essa tríade não é estranha para os brasileiros, principalmente para aqueles que, como eu, vinham de uma metrópole como o Rio de Janeiro.

As conexões entre as culturas dos dois lados do Atlântico se tornaram mais evidentes quando visitei, em Lagos, o Brazilian Quarter, também conhecido como Popo Agudá, bairro fundado por negros libertos que deixaram o Brasil e "retornaram" para a África, em meados do século XIX. Os retornados, entre brasileiros e africanos, ganharam o nome de agudás.

Nas ruas do "bairro brasileiro", me deparei com uma cena muito típica de nosso país. Um cortejo de carnaval, colorido e vibrante, passava por mim. Era uma baita e emblemática coincidência.

O carnaval de Lagos atraía grupos de diversas partes do país e acontecia na cidade três vezes por ano: no Natal, no ano-novo e na Páscoa. A festa foi introduzida na cidade pelos agudás e trazia muitas semelhanças, principalmente no que diz respeito às fantasias, com os desfiles das escolas de samba. Mas havia também muitas diferenças, como a música eletrônica que embalava os foliões.

O destino dos grupos carnavalescos era o Tafawa Balewa, um estádio com capacidade para abrigar 60 mil pessoas e que se encontrava lotado. Ali, todos desfilavam para uma imensa plateia, que incluía o grande público, os jurados e as autoridades locais.

As semelhanças e diferenças entre Brasil e Nigéria estavam presentes em vários momentos, enquanto percorria as ruas do Brazilian Quarter. Os agudás ocupam, principalmente, as residências em torno das ruas Bambogse e Igsobere. Nessas ruas se encontravam os últimos sobrados de Lagos que ainda preservavam o estilo colonial português. Acontece que os agudás, quando retornaram à África, trouxeram as experiências e saberes que adquiriram no Brasil, reproduzindo a arquitetura típica das residências da colônia portuguesa. O mesmo aconteceu com as mesquitas que os agudás islamizados construíram, idênticas ao estilo das igrejas barrocas. Tive a sorte de visitar uma delas, a Salvador Mosque, que recebeu esse nome, evidentemente, em homenagem à capital da Bahia, de onde vieram os primeiros retornados.

Muitos agudás alcançaram sucesso financeiro e prestígio social. Foi o caso de João Ângelo Campos, comerciante que se tornou tão rico e importante que o lugar onde morou recebeu o nome de Campos Square. Atualmente, e não por acaso, o local também é ponto de passagem dos grupos de carnaval. A família, claro, mantém a tradição de participar das festas populares trazidas pelos agudás à Nigéria. Por isso, não me espantei quando vi um grupo carnavalesco ostentando uma bandeira com os dizeres "Brazilian Campos" no desfile do Tafawa Balewa.

A primeira leva migratória dos agudás foi formada por africanos islamizados enviados de volta à África por terem participado da Revolta dos Malês, que ocorreu em Salvador, em 1835. Um número maior de libertos deixou os portos brasileiros e buscou cruzar o Atlântico a partir dos anos 1850, quando no Brasil foi proibido o tráfico de escravos e a Inglaterra tomou Lagos como sua colônia, em 1851. Era, portanto, uma cidade segura para ex-escravos, uma vez que os ingleses foram os primeiros a abolir a escravidão e havia muito tempo pressionavam o governo brasileiro para tomar medida idêntica. Muitos libertos buscavam reconstituir seus laços ancestrais e, ao chegarem à África, se dedicaram aos diversos ofícios que haviam aprendido no Brasil, trabalhando como marceneiros, barbeiros, alfaiates, cozinheiros, ourives, entre outras funções.

Nas conversas com os agudás nas ruas do Brazilian Quarter, é fácil perceber uma ambivalência: eles se orgulham do Brasil e se consideram "brasileiros", mas não falam português. Também fica claro que pouco conhecem do nosso país, além dos lugares-comuns, normalmente resumidos em samba, futebol e carnaval. Uma memória importante que ficou foi a culinária. Um antigo agudá me disse que adorava feijoada e arroz-doce.

Aboletado num quequé, o "amarelinho" de Lagos, um frenético triciclo mecanizado que serpenteia pelas ruas de terra, dei uma longa volta no bairro até me deter na rua Bambogse. A minha esperança era encontrar Luísa, filha de Dona Romana da Conceição. No seu livro *Um rio chamado Atlântico*, o poeta, embaixador e célebre africanista Alberto da Costa e Silva a descreveu:

> Ex-escravos brasileiros chegaram a Lagos até o início do século XX. Num dos últimos grupos, desembarcou, acompanhado pela mulher e pelos filhos, o pai de Dona Romana da Conceição. E esta velhinha pernambucana, residente na rua Bambogse, número 196, pergunta-nos, a rir, feliz, num português muito doce:
> — Como vão meus patrícios?
> Era ainda criança quando chegou a Lagos. Com os pais falava a nossa língua. Há muito tempo, no entanto, raras vezes punha

os olhos numa palavra portuguesa ou ouvia falar do Brasil. Tem saudades de Pernambuco. Transmitiu essa nostalgia a uma de suas filhas, Luísa, cujo sonho é visitar Recife.[26]

Por onde andará Luísa? Será que permaneceu na rua Bambogse, nº 196? Essas perguntas rondavam minha cabeça. Caso a encontrasse, poderia entender um pouco mais sobre a trajetória de Dona Romana.

Alberto da Costa e Silva encontrou Dona Romana em maio de 1961. Dois anos depois, em 1963, ela visitou o Brasil e inspirou, com seus relatos, o escritor Antônio Olinto, autor da trilogia sobre os retornados chamada *A alma da África*.

Dona Romana inspirou a personagem Mariana, do primeiro romance da trilogia, *A casa da água*. A história tem início em 1898, uma década após o fim da escravidão, na pequena cidade de Piau, localizada no estado de Minas Gerais, quando a família de Mariana se prepara para voltar para a África. Mariana parte acompanhada de sua avó, sua mãe e dois irmãos. A família permanece um ano em Salvador, na Bahia, até que finalmente surge a oportunidade de embarcar no patacho *Esperança*. Mariana desembarca em Lagos em 1900, quando, nua, coberta apenas por um lençol, tem sua primeira menstruação. Antônio Olinto confirmou que a personagem foi inspirada nas conversas que teve com Dona Romana.

> Muita gente me pergunta se Romana é a Mariana de meu romance *A casa da água*. Até certo ponto, sim. Explico-me: foi Romana quem me contou a viagem do patacho *Aliança* — que no

---

[26] COSTA E SILVA, Alberto da. *Um rio chamado Atlântico – A África no Brasil e o Brasil na África*. Rio de Janeiro: Editora UFRJ, 2003. p. 110-1.

romance chamei de *Esperança* — e entrou em detalhes sobre os primeiros anos de sua vida em Lagos, no começo do século. Ela não é a Mariana, mas foi sua inspiração.[27]

Motivado pela importância de Dona Romana para as pesquisas e produções literárias sobre as relações entre África e Brasil, busquei seu endereço, aquele descrito por Alberto da Costa e Silva. A numeração, como esperava, era um pouco confusa, mas finalmente encontrei o 196 da rua Bambogse.

Tratava-se de um sobrado, mas não possuía o estilo colonial. Na parte de baixo, duas mulheres trabalhavam com as portas abertas. Eram cozinheiras que preparavam o almoço que seria vendido por encomenda. Elas não conheciam Dona Romana ou Luísa e afirmaram que o edifício pertencia ao dono do pequeno comércio.

Desanimado, dei meia-volta e continuei caminhando pelo Brazilian Quarter. Restou a dúvida se Luísa realizou seu sonho e buscou conhecer a terra natal de sua mãe e a cidade de Recife. No terceiro volume da trilogia de Antônio Olinto, *O trono de vidro*, a neta de Mariana viaja ao Brasil para visitar a cidade onde sua avó nasceu e refaz os caminhos que ela trilhou para chegar à África.

Gil, ao que tudo indica, não conheceu o Brazilian Quarter. Um motivo provável é que a história dos agudás ainda não era muito

---

[27] Apud FIGUEIREDO, Eurídice. "Os brasileiros retornados à África". Cadernos de Letras da UFF – Dossiê: Diálogos Inter-americanos, nº 38, p. 51-70, 2009. p. 57.

divulgada quando ele visitou a Nigéria. Apenas dois anos antes de o compositor chegar a Lagos, em 1975, a antropóloga Manuela Carneiro da Cunha havia iniciado a pesquisa que resultaria no seu livro clássico sobre os agudás, *Negros estrangeiros: os escravos libertos e sua volta à África*, publicado apenas em 1985.

Mais uma vez, fica claro o interessante paralelismo de Gil com as iniciativas de pesquisadores brasileiros e estrangeiros voltados para incursões na África, no mesmo período em que o artista buscava entender suas relações com o Brasil e o "mundo negro". E como Gil não teve oportunidade de conhecer o Brazilian Quarter, resta apelar para a imaginação e sonhar com uma música do compositor baiano dedicada aos agudás de Lagos, cuja letra, certamente, citaria Dona Romana, Luísa, o quequé, o carnaval do Tafawa Balewa, a rua Bambogse, o Campos Square, os sobrados coloniais, a Salvador Mosque, entre outras maravilhas do lugar. Uma faixa imaginária que faltou em *Refavela*.

PARTE 2
O DISCO

Introdução

O conceito de *Refavela* é centrado na questão do "mundo negro" e suas conexões diaspóricas, contraculturais, urbanas e periféricas, mas o álbum não é totalmente dedicado a esse tema. Como afirmou Gilberto Gil: "O disco acabou ficando uma coisa que eu diria 60% a 70% orientada nesse sentido, no sentido de manifestar essa visão desse universo."[28]

Músicas como "Aqui e agora", "No norte da saudade", "Sandra" e "Era nova" não correspondem a esse "universo". O mesmo poderia se dizer do sentido original de "Samba do avião", quando a canção foi composta por Tom Jobim, mas a versão de Gil incorpora totalmente o samba-exaltação do ícone da Bossa Nova ao "mundo negro". Gil explicou os critérios de escolha das canções:

> O critério para selecionar [as canções] foi o que tinha resultado melhor do ponto de vista de som, de *togetherness*, sabe, de

---

[28] BAHIANA, Ana Maria. "A paz doméstica de Gilberto Gil" (publicado originalmente no jornal *O Globo*, em 10 de julho de 1977). In: COHN, Sergio. *Gilberto Gil — Encontros*. Rio de Janeiro: Beco do Azougue, 2007. p. 143.

estarmos tocando juntos, de ter uma coisa junto com músicos, de soar bem. E depois um problema também que a mim pessoalmente me parecia um tanto secundário, mas que no global, do ponto de vista da produção, das pessoas que fizeram o disco, na medida em que o disco é uma extensão do show e deve representá-lo ou ser simbólico do trabalho todo deste ano, desta fase toda, nesse sentido devia se cuidar de uma coisa de unidade temática de repertório. E esse foi um dos aspectos que acabou entrando na escolha do repertório, fazendo com que ficasse uma faixa como "Balafon" e saísse uma como "Músico simples"; que ficasse uma música como "No norte da saudade" e saísse "Sala de som", por exemplo.[29]

A ideia de que o disco fosse concebido como uma "extensão" do show *Refavela*, defendida pela produção do LP, acabou por balizar a escolha das músicas que foram selecionadas para fazer parte da obra. Gil lamentou ter precisado cortar algumas canções: "Músico simples", "É", "Chiquinho Azevedo" e "Sala de som", esta composta para Milton Nascimento. No total, foram gravadas 14 músicas, mas apenas dez entraram em *Refavela*, devido a um limite de espaço no disco.

Gil entrou no estúdio da Phonogram para gravar as canções no final de março de 1977. Das que entraram no LP, "Refavela", "Ilê Ayê", "Aqui e agora", "No norte da saudade", "Babá Alapalá" e "Sandra" foram gravadas entre 21 e 29 de março. "No norte da saudade" foi a primeira a ser gravada, em 21 de março. As outras canções, "Samba do avião", "Era nova", "Balafon" e "Patuscada de Gandhi", foram gravadas entre 11 e 26 de abril. Curiosamente, a ordem das faixas no disco respeita

---

[29] BAHIANA, Ana Maria. Op. cit. p.142-3.

a cronologia das gravações (não exatamente os dias em que ocorreram). As músicas gravadas em março entram antes das canções de abril.

A ficha técnica do LP original ficou assim: Roberto Santana na direção de produção; Daniel Rodrigues como assistente de produção; e Gilberto Gil ficou na direção do estúdio. Perinho Santana e Gil foram responsáveis pelos arranjos de base; Meirelles cuidou dos arranjos de metais da faixa 7 e Perinho Santana das faixas 2, 4, 6 e 8, além dos arranjos de cordas da faixa 3. Paulo Sérgio foi o técnico de gravação; Gil, Chocolate e Roberto Santana fizeram a mixagem; Julinho Mancha Negra, Geraldo Luiz, Ratinho e Luíz Claudio Varella foram os auxiliares de estúdio; Aldo Luiz assinou a capa e Jorge Vianna a arte-final. As músicas foram gravadas em 16 canais.

A banda que gravou o disco foi a mesma montada por Gil para acompanhá-lo na viagem à Nigéria, para participar do Festac, no final de 1976. A exceção foi o baterista Robertinho Silva. O cantor lembrou do episódio:

> Quando Robertinho Silva soube que eu ia pra África, ele bateu lá em casa: "Quem vai sou eu! Não quero nem saber!" Aí eu respondi: "Mas, rapaz, você tem seu trabalho com Milton (Nascimento)..." Ele já havia falado e disse: eu vou pra África com você (...)[30]

Baterista e percussionista afrodescendente, Robertinho Silva anunciou com veemência sua vontade de ir a África, mostrando a importância que essa viagem tinha, principalmente, para os artistas negros que viam no evento da Nigéria uma

---

[30] FRÓES, Marcelo. *Coleção Gilberto Gil 70 anos – Refavela*. Vol. 8. Rio de Janeiro: Innovan Editora Ltda., 2011. s/p.

possibilidade de conhecer também a terra e a cultura de seus ancestrais africanos.

A banda que Gil montou para tocar no Festac era formada por Perinho Santana, na guitarra, Cidinho, nos teclados, Rubão Sabino, no baixo, Djalma Corrêa, na percussão, e Robertinho Silva, na bateria. Na volta ao Brasil, Robertinho Silva se reintegraria à banda de Milton Nascimento e seria substituído por Paulinho Braga, que se encarregaria de gravar as baterias em *Refavela*, junto com os outros músicos que se apresentaram na Nigéria.

Uma boa notícia para Gil foi poder contar com Roberto Santana na direção de produção do disco. Os dois eram amigos desde os tempos da Bahia, quando Santana, baiano nascido no Recôncavo, integrava a trupe tropicalista. Estudante universitário de história da música, era ele quem fornecia informações para o grupo sobre artistas como Assis Valente, Baiano, Gordurinha, entre outros. Em 1993, Gil homenagearia o amigo com a música "Baião atemporal".

Gil se lançou na estrada para fazer shows pelo Brasil logo após o lançamento do disco, em maio de 1977. Problemas de produção e de orçamento com a Phonogram e dificuldades de chegar a um acordo levaram o artista a romper com a gravadora, que se recusava a custear um ônibus mais confortável para a banda atravessar o interior do país.

Gil resolveu financiar, com recursos próprios, o ônibus e a turnê. No mesmo movimento, pediu rescisão do seu contrato com a Phonogram e assinou outro com a Warner. O jornalista Marcelo Fróes explicou o imbróglio:

> Gil não sabe se teria ido para a Warner caso a Phonogram lhe tivesse apoiado na aquisição do ônibus, então é óbvio que a saída do amigo André Midani da presidência da gravadora na mesma

época acabou pesando. Midani deixara a Phonogram para ser o primeiro presidente da Warner no Brasil, quando a mesma aqui se instalou em 1977. O convite para integrar o *cast* da nova gravadora incluía nas luvas o reembolso do valor despendido por Gil no ônibus da turnê de *Refavela*.[31]

Apesar dessas turbulências, em maio o público já tinha *Refavela* nas mãos. A capa do disco, assinada por Aldo Luiz, "apresentava uma foto em *close-up* de Gil usando uma touca bordada e um colar de contas do candomblé".[32] No encarte, o álbum trazia um manifesto, assim como em *Refazenda* e *Realce*. O *Manifesto de Refavela* dizia:

> Refavela, como refazenda, um signo poético.
> Refavela, arte popular sob os trópicos de câncer e de capricórnio.
> Refavela, vila/abrigo das migrações forçadas pela caravela.
> Refavela, como luz melodia.
> Refavela, etnias em rotação na velocidade da cidade/nação.
> Não o Jeca, mas o Zeca total.
> Refavela, aldeia de cantores, músicos e dançarinos pretos, brancos e mestiços.
> O povo chocolate e mel.
> Refavela, a franqueza do poeta; o que ele revela;
> O que ele fala, o que ele vê

Quanto ao resultado final do disco, Gil fez uma forte autocrítica:

---
[31] FRÓES, Marcelo. Op. cit. s/p.
[32] DUNN, Christopher. *Brutalidade jardim: A Tropicália e o surgimento da contracultura brasileira*. São Paulo: Editora Unifesp, 2008. p. 194.

Tecnicamente tem problemas, a mixagem geral ainda não é a que a gente esperava que fosse, problemas dos tais 16 canais, ainda muito complicado. Eu ainda estou muito longe do que a gente poderia chamar de domínio desse aparato aí. Eu não me preparo para fazer um disco na medida das exigências da tecnologia existente para isso hoje. Na medida em que você vai fazer um disco com 16 canais, era conveniente, me parece, pra quem vai fazer um disco, ter noção prévia da utilização desses 16 canais em cada canção. Pra isso era preciso ter uma estrutura muito nítida de arranjo, orquestral mesmo, que não tive ainda em nenhum disco meu e não tive nesse. Talvez me falte a habilidade básica nesse sentido... Enfim, *Refavela* ainda tem assim resultados não obtidos. É a imperfeição presente, afinal, com sua tirania.[33]

A autocrítica que Gil faz é bastante corajosa, uma vez que, além de ser autor do conceito, cantor e compositor do disco, atuou também na direção do estúdio e na mixagem, apesar das limitações que tinha diante dos "tais 16 canais". A "tirania da imperfeição", como diz, pode estar presente em *Refavela*, mas como um dado importante, e não depreciador, do valor histórico da obra.

O conceito e a reflexão desenvolvidos por Gil em *Refavela* mostram um artista no auge de sua sensibilidade estética e crítica, que não teme as imperfeições e incompletudes, ao contrário, valoriza a experiência e o processo de construção da obra. O que fica é seu legado, ao mesmo tempo contemporâneo e ancestral.

---

[33] BAHIANA, Ana Maria. Op. cit. p. 143-4.

Nas seções seguintes, me dedico a fazer pequenos comentários sobre as faixas do disco. Mas não estou exatamente interessado numa análise crítica das letras ou numa abordagem musicológica, até porque não sou especialista nessas áreas. É um pouco sobre as histórias que cercam as canções em que vou me deter. Por fim, fica o aviso. Devaneios de um apaixonado pelo lendário disco também podem aparecer de forma suspeita aqui e ali.

Faixa um: Refavela
(Gilberto Gil)

Iaiá, Kiriê
Kiriê, Iaiá

A refavela
Revela aquela
Que desce o morro e vem transar
O ambiente
Efervescente
De uma cidade a cintilar

A refavela
Revela o salto
Que o preto pobre tenta dar
Quando se arranca
Do seu barraco
Prum bloco do BNH

A refavela, a refavela, ó
Como é tão bela, como é tão bela, ó

A refavela
Revela a escola

De samba paradoxal
Brasileirinho
Pelo sotaque
Mas de língua internacional

A refavela
Revela o passo
Com que caminha a geração
Do Black jovem
Do Black Rio
Da nova dança no salão

Iaiá, Kiriê
Kiriê, Iaiá

A refavela
Revela o choque
Entre a favela-inferno e o céu
Baby-blue-rock
Sobre a cabeça
De um povo-chocolate-e-mel

A refavela
Revela o sonho
De minha alma, meu coração
De minha gente, minha semente
Preta Maria, Zé, João

A refavela, a refavela, ó
Como é tão bela, como é tão bela, ó
A refavela

Alegoria
Elegia, alegria e dor
Rico brinquedo
De samba-enredo
Sobre medo, segredo e amor

A refavela
Batuque puro
De samba duro de marfim
Marfim da costa
De uma Nigéria
Miséria, roupa de cetim

Iaiá, Kiriê
Kiriê, Iaiá

© Copyright by Gege Edições / Preta Music (EUA e Canadá)
Todos os direitos reservados.

Refavela, canção que abre e batiza o disco, apresenta uma letra longa, mas de acordo com o compositor a "informação forte" da música está nas duas primeiras estrofes, e o restante, segundo ele, seria "ornamento".[34]

A primeira estrofe mostra uma cena típica do Rio de Janeiro, que "Revela aquela/ Que desce o morro e vem transar", que chega ao "asfalto" disposta a negociar sua sobrevivência num "ambiente/ Efervescente/ De uma cidade a cintilar". O perigo e a sedução, a pobreza e o brilho da metrópole, a violência e a efervescência cultural carioca encaram a personagem, mora-

---

[34] GIL, Gilberto & ZAPPA, Regina (orgs.). *Gilberto bem perto*. Rio de Janeiro: Nova Fronteira, 2013. p. 190.

dora da favela, que encontra nas ruas uma saída provisória ou um caminho sem volta.

A segunda estrofe apresenta um projeto de Estado que, entre os anos 1960 e 1980, atingiu os moradores das favelas cariocas; "Revela o salto/ Que o preto pobre tenta dar/ Quando se arranca do seu barraco/ Prum bloco do BNH". O Banco Nacional da Habitação (BNH) foi criado poucos meses depois do golpe militar, em agosto de 1964, e sua função era possibilitar condições para financiamento e construção de moradias populares. Gil denunciava a realidade contraditória e brutal dos conjuntos habitacionais, um projeto que se iniciava "tirando muitas pessoas das favelas e colocando-as em locais que, em tese, deveriam recuperar uma dignidade de habitação, mas que, por várias razões, acabaram se transformando em novas favelas".[35]

Os blocos do BNH encobriam a política das remoções, que ocorre até os dias de hoje, a qual consiste em literalmente remover os moradores das favelas dos seus "barracos", com a promessa de levá-los para moradias mais dignas. No entanto, os conjuntos habitacionais costumam ser construídos em lugares muito distantes das opções de trabalho e, depois da inauguração, ficam esquecidos pelo Estado, sendo muitas vezes governados pelo crime organizado.

Quando chegou à Nigéria, Gil fez uma conexão imediata entre o conjunto de casas que havia sido construído para receber as delegações do Festac e os conjuntos habitacionais do Brasil:

> Para abrigar os 50 mil negros do mundo inteiro que para lá acorreram, tinha sido construída uma espécie de vila olímpica com pequenas casas feitas com material barato e um precário

---

[35] GIL, Gilberto & ZAPPA, Regina (orgs.). Op. cit. p. 190.

abastecimento de água e luz, que reavivou em mim a imagem física do grande conjunto habitacional pobre. "Refavela" foi estimulada por esse reencontro, de cujas visões nasceu também a própria palavra, embora já houvesse o compromisso conceitual com o "re" para prefixar o título do novo trabalho, de motivação urbana, em contraposição a *Refazenda*, o anterior, de inspiração rural.[36]

A genialidade de Gil está na conexão que o artista realiza entre as formas urbanas, precárias e periféricas do Brasil e da Nigéria. Dessa maneira, ele ampliava as relações normalmente evidenciadas entre os dois países, que costumam focar nas tradições ancestrais que se redefiniram em solo brasileiro, como o culto aos orixás.

A realidade das favelas cariocas e dos conjuntos habitacionais estava presente na construção improvisada da "vila olímpica" nigeriana. Gil, assim, deixa claro que estamos mais próximos da África urbana, contemporânea e periférica do que da África mítica e suas imagens de natureza exuberante e tribos tradicionais.

Ainda que Gil afirme que as duas primeiras estrofes são as mais "fortes", em termos de conteúdo e mensagem, não acredito nas outras como "ornamento". Versos como "Revela o passo/ Com que caminha a geração/ Do Black jovem/ Do Black Rio/ Da nova dança no salão" A dança da Black Rio mostrou o caminho traçado por uma juventude negra que buscou a afirmação de suas identidades culturais, mostrando quanto elas são diversas e múltiplas. Portanto, diferentemente do que afirma Gil, acho que cada estrofe de "Refavela" "revela" imagens e reflexões importantes sobre o Brasil dos anos

---

[36] Idem.

1970, mas também aponta para a realidade atual do país, contemporâneo e diaspórico, no qual os jovens afro-brasileiros continuam a se reinventar, ainda em busca do reconhecimento de suas expressões culturais na sociedade brasileira.

Faixa dois: Ilê Ayê

(Paulinho Camafeu)

Que bloco é esse?
Quero saber, ê, ê
É o mundo negro
Que viemos mostrar pra você

Somo criolo doido
Somo bem legal
Temo cabelo duro
Somo bleque pau

Branco, se você soubesse
O valor que preto tem
Tu tomava banho de piche
Ficava preto também

Não te ensino minha malandragem
Nem tampouco minha filosofia
Quem dá luz a cego
É bengala branca ou Santa Luzia

© Copyright by **Gege Edições** / **Preta Music (EUA e Canadá)**
Todos os direitos reservados.

Esta canção foi feita para o primeiro desfile do Ilê Aiyê, que aconteceu em 1975. Este foi o primeiro bloco afro do carnaval baiano, criado em 1974, na Liberdade, bairro da periferia de Salvador, por dois jovens inquietos e criativos, Apolônio de Jesus e Antônio Carlos dos Santos. Este último, desde os nove anos, traz o singelo apelido de Vovô. Eles se inspiravam, ao mesmo tempo, nas lutas que aconteciam na África e nos Estados Unidos. Esses dois aspectos influenciavam profundamente a juventude negra da Liberdade, que sentia na pele o racismo disfarçado da democracia racial brasileira, se identificava com o orgulho negro dos Panteras Negras, curtia de James Brown a Jackson Five e acompanhava com bastante interesse os desdobramentos dos processos revolucionários africanos. Nos anos 1970, por exemplo, Guiné-Bissau, Moçambique e Angola conseguiram se libertar, por meio da luta armada, do colonialismo português.

Além da influência das lutas de libertação africanas, o Black Power inspirou profundamente os jovens da Bahia, incluindo nomes importantes da "blackitude baiana" — termo criado pelo poeta Waly Salomão —, como o dançarino Jorge Vatusi e o próprio Vovô, que fazia parte do grupo Black Bahia. Ainda que fossem bastante influenciados pela onda soul, foi por meio da reafricanização do carnaval baiano que eles impuseram uma marca própria, com a criação do Ilê Aiyê.

Mesmo assim, vale lembrar que a ideia do grupo inicialmente era sair pelas ruas de Salvador com um bloco carnavalesco chamado Poder Negro, uma clara alusão ao Black Power, mas de acordo com Vovô eles foram desaconselhados a seguir com a ideia, devido à repressão da ditadura militar. O que não significa que tenha sido fácil desfilar com o Ilê Aiyê, apenas por ter outro nome. Numa entrevista ao *Correio Braziliense*, Vovô contou como foi o primeiro desfile:

O Ilê foi criado em 1974, por mim e pelo falecido Apolônio [de Jesus]. Nós queríamos combater o racismo no carnaval, aqui do bairro da Liberdade [o maior bairro negro da cidade]. Antes o negro só saía no carnaval carregando alegoria, e resolvemos criar um bloco em que só negros participassem. Foi uma época muito forte da ditadura no Brasil. Qualquer tipo de movimentação e você já era tachado como comunista. E não foi diferente com a gente: fomos perseguidos pela polícia. O pessoal achava que queríamos tomar o poder. Momentos difíceis. Muita gente não quis sair no bloco, as famílias não deixavam com receio. Só conseguimos sair com cem pessoas no primeiro ano. Não tínhamos instrumentos, nada. Até o terceiro ano do bloco desfilamos vigiados pela polícia.[37]

Os jovens do Ilê Aiyê tiveram bastante coragem para, em meio à repressão da ditadura militar, sair pelas ruas de Salvador organizados num bloco de carnaval que não aceitava a participação de brancos. A música que embalou o primeiro desfile, de Paulinho Camafeu, já dava o recado: "É o mundo negro/ que viemos mostrar pra você." Vale transcrever aqui a narrativa de Antonio Risério para entender o impacto causado pelo Ilê no seu primeiro desfile:

Pleno carnaval de 1975, a praça Castro Alves delirando, maravilhada. Guardo até uma cena na memória, e espero que ela não vá me falhar agora. Me lombro que cheguei mais, para perguntar

---

[37] BRITO, Maria de Deus. "Vovô do Ilê fala ao *Correio* sobre a resistência à ditadura". Postado em 25/11/2012. Visualizado em 9/12/2015. Disponível em: http://www.correiobraziliense.com.br/app/noticia/diversao-e-arte/2012/11/25/interna_diversao_arte,335671/vovo-do-ile-fala-ao-correio-sobre-resistencia-a-ditadura.shtml.

que bloco era aquele. Um preto, cara fechada, me respondeu: É o Ilê Aiyê. E olha que nem precisava ter perguntado. Logo reparei na música que eles vinham cantando — uma música forte, bonita, incisiva, de autoria de Paulinho Camafeu, que seria gravada por Gilberto Gil no disco *Refavela* (...) [38]

Na letra da música, como lembrou Risério, estava "uma afirmação franca, diretíssima, da afroblackitude: "Somo criolo doido/ Somo bem legal/ Temo cabelo duro/ Somo bleque pau."[39] Mais uma vez a referência explícita ao Black Power, mas já apontando para uma vontade de desconstruir a matriz norte-americana, ao afirmar o "bleque pau". Em seguida, os versos que colocam de forma veemente o orgulho negro: "Branco, se você soubesse/ o valor que preto tem/ tomava banho de piche/ virava preto também." Por fim, a canção apresenta a sabedoria da cultura negra frente à ignorância da elite branca: "Eu não te ensino minha malandragem/ Nem tampouco minha filosofia/ Quem dá luz a cego/ É bengala branca de santa Luzia".

Uma sociedade cega para os valores e saberes da cultura negra era o que o Ilê Aiyê estava denunciando também. A homenagem de Gil ao bloco reverenciava justamente os saberes do Ilê Aiyê.

---

[38] RISÉRIO, Antonio. *Carnaval Ijexá: notas sobre afoxés e blocos do carnaval baiano.* Salvador: Editora Corrupio, 1981. p. 40.
[39] Idem.

Faixa três: Aqui e agora
(Gilberto Gil)

O melhor lugar do mundo é aqui
E agora
O melhor lugar do mundo é aqui
E agora

Aqui, onde indefinido
Agora, que é quase quando
Quando ser leve ou pesado
Deixa de fazer sentido

Aqui, onde o olho mira
Agora, que o ouvido escuta
O tempo, que a voz não fala
Mas que o coração tributa

O melhor lugar do mundo é aqui
E agora
O melhor lugar do mundo é aqui
E agora

Aqui, onde a cor é clara
Agora, que é tudo escuro

Viver em Guadalajara
Dentro de um figo maduro

Aqui, longe, em Nova Délhi

Agora, sete, oito ou nove
Sentir é questão de pele
Amor é tudo que move

O melhor lugar do mundo é aqui
E agora
O melhor lugar do mundo é aqui
E agora

Aqui perto passa um rio
Agora eu vi um lagarto
Morrer deve ser tão frio
Quanto na hora do parto
Aqui, fora de perigo
Agora, dentro de instantes
Depois de tudo que eu digo
Muito embora muito antes

O melhor lugar do mundo é aqui
E agora
O melhor lugar do mundo é aqui
E agora

© Copyright by **Gege Edições** / **Preta Music (EUA e Canadá)**
Todos os direitos reservados.

Em 1976, Gilberto Gil, Caetano Veloso, Maria Bethânia e Gal Costa haviam completado dez anos de carreira, uma vez que começaram praticamente juntos suas trajetórias artísticas. Para comemorar a data e reafirmar sua identidade como um coletivo de artistas baianos, Caetano Veloso teve a ideia de reuni-los especialmente para a ocasião — um motivo para que eles também fizessem shows naquele ano pelo país com um repertório praticamente inédito.

O nome do grupo, Doces Bárbaros, surgiu de uma conversa de Caetano com Jorge Mautner na praia de Ipanema. O papo dos dois desencadeou a frase de Mautner: "Temos que invadir Nova York e seremos os mais doces dos bárbaros."[40]

A relação dos Doces Bárbaros com a música "Aqui e agora" teve início na prisão de Gilberto Gil por porte de maconha durante a turnê com o grupo, em Florianópolis, capital de Santa Catarina, no sul do país. A Delegacia de Tóxicos de Florianópolis resolveu fazer uma busca no hotel e, mais especificamente, nos quartos dos artistas, e prenderam Gil e o baterista Chiquinho Azevedo. Esse incidente encerrou o projeto dos Doces Bárbaros, e por causa dele, mais uma vez, Gil foi encarcerado, depois de já ter tido essa experiência em 1968, quando foi preso pelo regime militar. A prisão em Florianópolis não foi política nem encomendada pela ditadura. Tratava-se de uma reação conservadora de um delegado, Eloi Gonçalves de Azevedo — famoso por perseguir surfistas e usuários da maconha —, à "invasão" dos Doces Bárbaros na cidade.

"Aqui e agora" é justamente uma música sobre a busca pela paz interior numa situação limite e desesperadora, que é

---

[40] GIL, Gilberto & ZAPPA, Regina (orgs.). *Gilberto bem perto*. Rio de Janeiro: Nova Fronteira, 2013. p. 181.

a de se encontrar aprisionado. A canção é muito importante para Gil, no disco, para pensar sobre essa questão. De acordo com o artista:

> É uma música que, quando eu fiz, pensava muito nos presos, na prisão, como um lugar, uma dificuldade pra uma pessoa. Como realizar a tranquilidade, a mansidão, o bem-estar interiores estando numa prisão? Como poder dizer "o melhor lugar do mundo é aqui e agora" dentro de uma prisão?[41]

O que pode parecer uma questão existencialista, na verdade, expõe um sistema carcerário punitivo. A violência do cárcere não permite que os presos tenham uma paz de espírito que lhes possibilite refletir sobre a prisão, além de a paz ser um sentimento fundamental para qualquer busca individual ou espiritual. Por isso Gil afirma que essa é "a música mais política desse disco".[42]

---

[41] BAHIANA, Ana Maria. "A paz doméstica de Gilberto Gil" (publicado originalmente no jornal *O Globo*, em 10 de julho de 1977). In: COHN, Sergio. *Gilberto Gil — Encontros*. Rio de Janeiro Beco do Azougue, 2007. p. 144.
[42] Idem.

Faixa quatro: No norte da saudade
(Perinho Santana/Moacyr de Albuquerque/Gilberto Gil)

Logo cedo, pé na estrada
Pra não ter porém
Pra não ter noite passada
Pra não ter ninguém
Atrás
Mais ninguém
Vou pra quem
Vai me ver noutra cidade
No norte da saudade,
que eu vou ver meu bem
Meu bem, meu bem
Vai me ver noutra cidade
No norte da saudade,
que eu vou ver meu bem
Meu bem, meu bom

© Copyright by **Gege Edições** / **Preta Music (EUA e Canadá)**
Todos os direitos reservados.

"No norte da saudade" é uma *road music*, composta na estrada, quando Gilberto Gil e sua banda faziam apresentações pelo norte e o nordeste do Brasil. A música congrega duas vertentes musicais que se cruzavam no ambiente sonoro e imaginário do compositor. Por isso ele a classifica como um "xote-reggae".

Esse híbrido diz respeito às conexões que Gil refez com o Nordeste de Luiz Gonzaga a partir do seu disco anterior, *Refazenda*. Por outro lado, já apresentava sua releitura do reggae, que alcançaria o auge no terceiro disco da trilogia, *Realce*, com a gravação de "No Woman, No Cry" [Não, não chores mais].

Gil, mais uma vez, definiu o clima:

> Pra ser mais claro: nós estávamos andando pelo Norte, com um trabalho que era com a presença de Dominguinhos, eu, Moacyr Albuquerque, Perinho Santana e outros. Ao mesmo tempo que nós escutávamos muito Django Reinhardt, Herbie Hancock, Bob Marley, a gente vivia todo aquele clima musical do Norte e do Nordeste, de ser refazenda, de ser lá no *habitat* básico da refazenda, de ser Campina Grande, Mossoró, Natal, João Pessoa, ser tudo aquilo e ao mesmo tempo estar discutindo sobre reggae, sobre a emergência de movimentos musicais na América, o punk, e a salsa e o reggae ...[43]

A canção não deixa dúvida, traduz o ambiente da estrada. De fato, ao ouvir "No norte da saudade" consigo imaginar os artistas sacolejando num ônibus, atravessando os sertões do Brasil, guiados por uma sonoridade diversa, interessados nas "emergências" musicais de seu tempo.

---

[43] BAHIANA, Ana Maria. "A paz doméstica de Gilberto Gil" (publicado originalmente no jornal *O Globo*, em 10 de julho de 1977). In: COHN, Sergio. *Gilberto Gil – Encontros*. Rio de Janeiro: Beco do Azougue, 2007. p. 145.

Faixa cinco: Babá Alapalá

(Gilberto Gil)

Aganju, Xangô
Alapalá, Alapalá, Alapalá
Xangô, Aganju

O filho perguntou pro pai
"Onde é que tá meu avô
Meu avô, onde é que tá?"

O pai perguntou pro avô
"Onde é que tá meu bisavô
Meu bisavô, onde é que tá?"

O avô perguntou pro bisavô
"Onde é que tá meu tataravô
Tataravô, onde é que tá?"

Tataravô, bisavô, avô
Pai Xangô, Aganju
Viva egum, babá Alapalá!

Aganju, Xangô
Alapalá, Alapalá, Alapalá
Xangô, Aganju

Alapalá, egum, espírito elevado
  ao céu
Machado alado, asas do anjo Aganju
Alapalá, egum, espírito elevado
  ao céu

Machado alado astral, ancestral do metal
Do ferro natural
Do corpo preservado
Embalsamado em bálsamo sagrado
Corpo eterno e nobre de um rei nagô
Xangô

© Copyright by **Gege Edições** / **Preta Music** (EUA e Canadá)
Todos os direitos reservados.

Sobre "Babá Alapalá", Gil afirmou: "(...) é aquela música africana sobre Xangô e os ancestrais que eu fiz antes de ir para a África."[44] Desde a experiência com os Doces Bárbaros, o compositor se mantinha interessado nos orixás do candomblé, religião afrodescendente bastante difundida no Brasil e, principalmente, na Bahia.

Na abertura dos shows, os Doces Bárbaros, nas palavras de Christopher Dunn, "propunham uma insurgência com a ajuda da 'espada de Ogum', da 'benção de Olorum' e do 'raio de Iansã'". Um dado curioso é apontado pelo pesquisador norte-americano: "Apesar de nenhum dos quatro baianos ter

---

[44] BAHIANA, Ana Maria. "A paz doméstica de Gilberto Gil" (publicado originalmente no jornal *O Globo*, em 10 de julho de 1977). In: COHN Sergio. *Gilberto Gil – Encontros*. Rio de Janeiro: Beco do Azougue, 2007. p. 144.

sido criado nas tradições religiosas afro-brasileiras, eles passaram a se envolver cada vez mais com o candomblé durante os anos 1970."[45]

Um dos motivos para tal era que o candomblé, com seus rituais, mistérios, transes, incorporações e ancestralidade africana, era altamente contracultural, assim como os Doces Bárbaros, que Dunn definiu como "símbolo da contracultura brasileira da década de 1970".[46]

"Babá Alapalá" é marcada pela pergunta que se repete, do filho para o pai, do pai para o avô, do avô para o bisavô, do bisavô para o tataravô: "Onde está?" É uma pergunta sobre a ancestralidade que se tentou apagar com o tráfico de africanos escravizados, uma empreitada desumana que sequestrou cerca de 12 milhões de indivíduos de suas famílias, de suas nações de origem, e os acorrentou amontoados em diversos tipos de embarcações negreiras que rumaram, principalmente, para o chamado "Novo Mundo". É sobre este desmantelo da memória que se buscou impor ao africano — para reduzi-lo a mercadoria e força de trabalho — que a canção se refere.

---

[45] DUNN, Christopher. *Brutalidade jardim: a Tropicália e o surgimento da contracultura brasileira*. São Paulo: Editora Unifesp, 2008. p. 204.
[46] DUNN, Christopher. Op. cit. p. 205.

Faixa seis: Sandra
(Gilberto Gil)

Maria Aparecida, porque apareceu na vida
Maria Sebastiana, porque Deus fez tão bonita
Maria de Lourdes
Porque me pediu uma canção para ela

Carmensita, porque ela sussurrou: "Seja bem-vindo"
(No meu ouvido)
Na primeira noite quando nós chegamos no hospício

E Lair, Lair
Porque quis me ver e foi lá no hospício
Salete fez chafé, que é um chá de café que eu gosto
E naquela semana tomar chafé foi um vício
Andreia na estreia
No segundo dia, meus laços de fita
Cíntia, porque embora choque, rosa é cor bonita
E Ana, porque parece uma cigana da ilha
Dulcina, porque
É santa, é uma santa e me beijou na boca

Azul, porque azul é cor, e cor é feminina
Eu sou tão inseguro porque o muro é muito alto

E para dar o salto
Me amarro na torre no alto da montanha

Amarradão na torre dá pra ir pro mundo inteiro
E onde quer que eu vá no mundo,
vejo a minha torre
É só balançar
Que a corda me leva de volta pra ela:
Oh, Sandra

© Copyright by **Gege Edições** / **Preta Music (EUA e Canadá)**
Todos os direitos reservados.

Quando foi preso em Florianópolis, durante a turnê dos Doces Bárbaros, por porte de maconha, Gilberto Gil foi julgado e encaminhado para tratamento psiquiátrico. Junto com o baterista Chiquinho Azevedo, foi primeiramente internado no Instituto Psiquiátrico São José, localizado próximo de Florianópolis, onde permaneceram por dez dias. Depois, foram internados no Rio de Janeiro, no Sanatório Botafogo, onde ficaram durante um mês.

Em "Sandra", Gil narra os primeiros dias no Sanatório Botafogo e louva as mulheres que o acolheram; amigas, enfermeiras e fãs, como Lair — "Porque quis me ver e foi lá no hospício"— ou Salete — que "fez chafé que é um chá de café que eu gosto/ E naquela semana tomar chafé foi um vício". As moças são ótimas, como Ana, que "parece uma cigana da Ilha", ou Dulcina, que "é uma santa e me beijou na boca".

Sandra, título da música, cujo nome ecoa na canção, "Oh, Sandra", era a esposa de Gil na época. Ao final, apesar de toda a pressão que envolve uma internação num hospital psiquiátrico, o compositor decreta, tranquilo: "É só balançar/ Que a corda me leva de volta pra ela."

Faixa sete: Samba do avião
(Antônio Carlos Jobim)

Minha alma canta
Vejo o Rio de Janeiro
Estou morrendo de saudade

Rio, teu mar, praias sem fim
Rio, você foi feito para mim

Cristo Redentor
Braços abertos sobre a Guanabara

Este samba é só porque
Rio, eu gosto de você
A morena vai sambar
Seu corpo todo balançar
Rio de sol, de céu, de mar
Dentro de mais um minuto estaremos no Galeão

Aperte o cinto, vamos chegar
Água brilhando, olha a pista chegando
E vamos nós... pousar

© Copyright by **JOBIM MUSIC LTDA (100%)**
Todos os direitos reservados

"Samba do avião" é uma das músicas mais famosas de Tom Jobim. Narra a história de um homem que está prestes a aterrissar no Rio de Janeiro, repleto de saudades da "Cidade Maravilhosa", contando os segundos para pousar no Galeão, aeroporto que ganhou o nome do maestro depois de sua morte. Foi justamente essa canção ícone da Bossa Nova que Gil escolheu para impor uma levada funk, suingada, pontuada pelo baixo preciso de Rubão Sabino. O compositor explicou o que o levou a fazer esse arranjo:

> Ah, o "Samba do avião" eu gravei porque gosto muito da música, acho um dos últimos grandes sambas-exaltação da história da música brasileira. É a música em que eu gostaria de fazer, como fiz, um trabalho de revisão, de readaptação ao meu contato atual, à minha forma de ver, ao contexto em que minha música atua, que é um contexto *funky*, dançante, *discothèque*, sei lá, que é um contexto que estou tentando abordar aos poucos, uma coisa para a qual minha música se encaminha cada vez mais. Quer dizer, o consumo de agora. Qual a qualidade mais moderna do consumo de música? É essa coisa *funky,* dançante, é o que qualifica mais a música, agora. É para onde se encaminharam todos os grandes criadores de jazz, desde Miles Davis, essa coisa negra bem tribalizante, de cantar-e-dançar.[47]

Gil estava em busca de uma mudança nos padrões de recepção do público da chamada MPB. Formada nas arquiban-

---

[47] BAHIANA, Ana Maria. "A paz doméstica de Gilberto Gil" (publicado originalmente no jornal *O Globo*, em 10 de julho de 1977). In: COHN, Sergio. *Gilberto Gil – Encontros*. Rio de Janeiro, Beco do Azougue, 2007. p. 145.

cadas dos festivais de televisão, a plateia desses shows sempre se manteve pouco dançante, manifestando uma performance mais estática, que oscilava entre aplausos e vaias. Caetano Veloso também buscava essa música dançante, por isso convidou a Banda Black Rio para acompanhá-lo na turnê do seu disco *Bicho*, que ganhou o nome de Bicho Baile Show.

O lugar para dançar, para se entregar à catarse corporal, eram os bailes black, que se desdobrariam, de forma pouco integrada, nos atuais bailes funk carioca. No entanto, cabe aqui fazer uma diferenciação entre o funk a que se refere Gil e o que tomou conta dos clubes e, posteriormente, dos morros do Rio de Janeiro, nos anos 1990. De acordo com o musicólogo e pesquisador Carlos Palombini, "a música que conhecemos hoje como funk carioca não deriva diretamente do funk norte-americano". Ele explica que sua matriz é o Miami bass, "uma variedade do hip hop".[48]

O nome funk teria surgido devido a sua presença na cena "dos bailes funk cariocas dos anos 1980, movidos a funk e rap norte-americanos". Palombini acredita que estes, por sua vez, constituem um desenvolvimento dos bailes black cariocas dos anos 1970", que eram embalados por "soul e funk norte-americanos".[49]

O funk a que Gil se refere, portanto, não é aquele conhecido como funk carioca, que no início dos anos 1990 revelou uma nova cena musical da periferia do Rio de Janeiro, que mais uma vez reunia uma juventude negra em torno de grandes bailes. O compositor baiano estava atento ao funk norte-americano, cele-

---

[48] PALOMBINI, Carlos. "Soul brasileiro e funk carioca". *Opus*. Goiânia. V. 15. n.1. p. 37-61, jun. 2009. p. 37.
[49] PALOMBINI, Carlos. Op. cit. p. 37 e 47.

brizado por astros negros como James Brown, e que reinava, ao lado do soul, nos bailes black dos anos 1970. Vale acrescentar que "*funky*" — adjetivo utilizado por Gil para qualificar o tipo de som que era sua referência — também é usado de modo mais genérico para designar sons e bases suingadas.

Essa releitura do "Samba do avião" baseada no funk norte-americano rendeu críticas severas a Gilberto Gil. Uma delas veio do jornalista Tárik de Souza, que intitulou seu texto sobre *Refavela*, que publicou na revista *Veja*, de "Rebobagem". Uma das indignações do jornalista foi justamente a "readaptação" da música cânone da Bossa Nova que o artista baiano ousou gravar. Tárik o condena por, "insensivelmente", reduzir a canção "a mero soul".[50]

Apesar das críticas — muitas delas apontando para uma defesa da tradição da música brasileira —, a versão de Gil impõe uma inflexão funk a um estilo musical que consagrou o Brasil moderno e elitista. Por isso, pode ser compreendida, ou "readaptada", nos dias de hoje, como altamente política.

---

[50] SOUZA, Tárik. "Rebobagem". Veja, 20 jul. 1977, p. 116.

Faixa oito: Era nova
(Gilberto Gil)

Falam tanto numa nova era
Quase esquecem do eterno é
Só você poder me ouvir agora
Já significa que dá pé

Novo tempo sempre se inaugura
A cada instante que você viver
O que foi já era e não há era
Por mais nova que possa trazer de volta
O tempo que você perdeu, perdeu, não volta
Embora o mundo, o mundo, dê tanta volta
Embora olhar o mundo cause tanto medo
Ou talvez tanta revolta

A verdade sempre está na hora
Embora você pense que não é
Como seu cabelo cresce agora
Sem que você possa perceber
Os cabelos da eternidade
São mais longos que os tempos de agora
São mais longos que os tempos de outrora
São mais longos que o tempo da era nova

Da nova, nova, nova, nova, nova era
Da era, era, era, era, era nova
Que sempre esteve e está para nascer

Falam tanto

© Copyright by **Gege Edições** / **Preta Music (EUA e Canadá)**
Todos os direitos reservados.

"Era nova" tem a peculiar característica de ser normalmente identificada com algo que não aconteceu. Gil, por exemplo, definiu a composição da seguinte maneira: "'Era nova' é uma música que eu fiz pro Roberto Carlos e ele não gravou."[51] Nada mais.

É curioso imaginar os motivos que levaram Gil a fazer essa música para o "rei" e, mais ainda, tentar decifrar as razões pelas quais ele não a gravou. Mas escolho não ir por esse caminho especulativo. É conhecida a proximidade de Roberto Carlos com a dupla tropicalista, principalmente com Caetano Veloso, que ele visitou no exílio londrino e para quem compôs, com Erasmo Carlos, "Debaixo dos caracóis dos seus cabelos", em 1971.

A letra de Gil mostra uma descrença com o movimento New Age [Nova Era], que surgiu entre os anos 1960 e 1970, em torno do contexto mais amplo da contracultura. Considerada uma "filosofia de vida" integrada a uma ideia de espiritualidade e religiosidade sincrética, em oposição às religiões ortodoxas e conservadoras, o movimento buscava uma simbiose da humanidade com a natureza e uma perspectiva de convívio social pacífico.

---

[51] BAHIANA, Ana Maria. "A paz doméstica de Gilberto Gil" (publicado originalmente no jornal *O Globo*, em 10 de julho de 1977). In: COHN, Sergio. *Gilberto Gil – Encontros*. Rio de Janeiro: Beco do Azougue, 2007. p. 144.

Dos quatro baianos, Gil foi o que mais assimilou os ideais da contracultura, o que se refletia no seu estilo de vida na época, que ia desde a experimentação de drogas, passando por questões espirituais, até a alimentação macrobiótica. Ainda assim, a letra soa como uma crítica ao movimento da Nova Era: "Falam tanto numa nova era/ quase esquecem do eterno é." Para Gil, "Novo tempo sempre se inaugura/ a cada instante que você viver".

Gil mostra que momentos da nossa vida mais ordinários já pontuam recomeços: "Seu cabelo cresce agora/ sem que você possa perceber." A perspectiva de que a circularidade da vida humana — o ciclo de nascimento, desenvolvimento e morte — é um eterno recomeço que vivemos a cada dia, repleto de descobertas que ignoramos, é uma das leituras possíveis da canção.

A reflexão de Gil também mostra que a aclamada "filosofia de vida" da Nova Era podia ser encontrada em muitos lugares: em si mesmo e ao redor, em outras religiões sincréticas, como o candomblé, entre outros espaços de reflexão e experiência — uma percepção de que "Os cabelos da eternidade/ São mais longos que o tempo da nova era".

Faixa nove: Balafon
(Gilberto Gil)

Isso que toca bem, bem
Isso que toca bem, bem
Chama-se balafon
Em cada lugar tem
O nome deve ser outro qualquer
No Camerum

Isso que a gente chama marimba
Tem na África todo mesmo som
Isso que toca bem, bem
Num lugar, não lembro bem
Chama-se balafon

Marim-bajé
Iré-xiré
Balafonjá
Orim-axé

© Copyright by **Gege Edições / Preta Music (EUA e Canadá)**
Todos os direitos reservados.

Quando esteve na Nigéria participando do Festac, Gil comprou um instrumento tradicional africano chamado balafon, que trouxe para o Brasil. A descoberta do instrumento o levou a compor a música "Balafon", que ele definiu como:

> Um temazinho africano que eu fiz lá na África mesmo de tanto ouvir aquilo que eles tocam lá. É quase um plágio da juju music [musica moderna africana]. É uma música mesmo de comentário sobre o instrumento que deu, no mundo ocidental, na marimba.[52]

O balafon é um instrumento de percussão, um grande xilofone originário da África Ocidental, no qual teclados de madeira entrelaçados são apoiados por cabaças que garantem suas afinação e ressonância. Está presente em diversas cerimônias tradicionais, rituais religiosos e festivos na África, e é conhecido nas Américas, inclusive no Brasil, como marimba, um nome que vem das línguas banto da África Central.

A juju music é um estilo musical que surge nos anos 1920 na Nigéria, no mesmo momento em que são desenvolvidos outros ritmos musicais de matrizes africanas, que são apropriados como músicas nacionais nos países que receberam negros provenientes da diáspora. Foi o que aconteceu com o samba, no Brasil, com a rumba, em Cuba, e com o jazz, nos Estados Unidos. A juju music mescla instrumentos percussivos tradicionais com a bateria e a guitarra e o baixo elétricos, misturando também aspectos religiosos em performances bastante dançantes, que oscilam entre o transe e a expressão corporal. Isso

---

[52] BAHIANA, Ana Maria. "A paz doméstica de Gilberto Gil" (publicado originalmente no jornal *O Globo*, em 10 de julho de 1977). In: COHN, Sergio. *Gilberto Gil – Encontros*. Rio de Janeiro: Beco do Azougue, 2007. p. 144.

pode ser comprovado em apresentações de ídolos como King Sunny Ade, considerado o "rei" deste estilo musical.

Em "Balafon", Gil se utiliza de um instrumento de percussão para falar da moderna música nigeriana e da diáspora sofrida por este objeto musical. Nas Américas, ele foi reestruturado e renomeado como marimba, sendo confeccionado sem cabaças, que são usadas no balafon para fazer ressoar o som.

Faixa dez: Patuscada de Gandhi
(Gilberto Gil)

Onde vai, papai Ojô?
Vou depressa por aí
Vou fazer minha folia
Com os Filhos de Gandhi
A nossa turma
É alinhada
Sai do meu bloco
Pra fazer a patuscada
Ê mori moriô babá
Babá ô kiloxê jocô

© Copyright by **Gege Edições** / **Preta Music (EUA e Canadá)**
Todos os direitos reservados.

Patuscada, no dicionário, significa uma festança onde as pessoas se reúnem para dançar e comer bastante. É com esse "afoxé dos Filhos de Gandhy", como ele mesmo definiu, que Gil encerra *Refavela*.

A música, e não podia ser diferente, é festiva. Começa com uma indagação para papai Ojô: "Onde vai?" E ele responde: "Vou depressa por aí/ Vou fazer minha folia/ Com os Filhos de Gandhi."

Um dos mais importantes símbolos do carnaval baiano, o Afoxé Filhos de Gandy foi fundado em fevereiro de 1949. Tem como marca ter apenas a participação de homens, que saem pelas ruas vestindo turbantes e lençóis brancos que remetem às roupas indianas. O motivo: o grupo havia se inspirado na mensagem de paz do líder indiano Mahatma Gandhi.

A homenagem ao líder indiano não impede o Afoxé Filhos de Gandhy de preservar a cultura da diáspora africana. O principal instrumento utilizado pelo grupo é o agogô, fundamental nas cerimônias religiosas do candomblé; os ijexás são cantados em iorubá; e os colares, ou "guias", que usam mostram a devoção aos orixás.

No início dos anos 1970, no entanto, o Afoxé Filhos de Gandhy entrou em decadência. Em 1974, sua sede foi fechada para o público. Durante os dois anos seguintes, os Filhos de Gandhi não desfilaram no carnaval. Curiosamente, nesse período, recém-retornados do exílio, Caetano e Gil se voltaram para o carnaval baiano. O primeiro criou, em 1972, o trio elétrico Caetanave e também se dedicou a compor diversos frevos a serem cantados no carnaval, porque "Atrás do trio elétrico/ Só não vai quem já morreu", como cantam os versos de "Atrás do trio elétrico", canção lançada por Caetano alguns anos antes, em 1969.

Gil, por sua vez, não criou um novo bloco. Ao contrário, se voltou para o mais tradicional grupo carnavalesco baiano, que andava esquecido. Fundado por estivadores do cais de Salvador, o Afoxé Filhos de Gandhy estava prestes a perder de vez sua sede e passava por uma de suas piores crises financeiras. Integrado ao grupo, Gil compôs "Filhos de Gandhy", afoxé que fez grande sucesso, chamando a atenção do público para um dos mais importantes símbolos do carnaval baiano, o que contribuiu decisivamente para sua revitalização.

Com o apoio de Gilberto Gil, os Filhos de Gandhy voltaram a desfilar em 1976, revigorando a cena da reafricanização dos grupos que tomavam as ruas de Salvador no carnaval. Assim, papai Ojô pôde voltar, tranquilamente, a fazer sua patuscada com os Filhos de Gandhy.

Canto de despedida

Enquanto escrevo as linhas finais deste livro, *Refavela*, o disco, comemora 40 anos. Não é exagero dizer que ele envelheceu muito bem e se mantém firme como um dos trabalhos mais importantes de Gilberto Gil e da música brasileira. Uma obra articulada em meio a uma trilogia, em que o artista fazia o movimento de pensar o "mundo negro", impulsionado pela experiência marcante de conhecer a África, mais especificamente a Nigéria. Embora seja absolutamente atual, *Refavela* também é um instantâneo do seu tempo, capturado na urgência dos acontecimentos, como mostra a absorção da Black Rio, que também comemorou quatro décadas, ano passado, em 2016.

Ouço *Refavela* agora e penso que muitos caminhos apontados por Gil nos anos 1970 se mantém em aberto. As relações contemporâneas entre Brasil e África permanecem pouco exploradas, a cultura da juventude negra carioca continua sendo criminalizada, o precário ainda articula processos artísticos dos dois lados do Atlântico. A esta altura já estou cantarolando junto com as faixas do disco, que tocam canções inspiradas e animam a existência em meio ao caos tropical. É que a vida continua lá fora, a violência espreita a cidade, a invenção ainda é uma arma potente e, mais do que nunca, a "revisita" promove um sentido às lutas do contemporâneo.

Bibliografia

BAHIANA, Ana Maria. "A paz doméstica de Gilberto Gil" (publicado originalmente no jornal *O Globo*, em 10 de julho de 1977). In: COHN Sergio. *Gilberto Gil – Encontros*. Rio de Janeiro: Beco do Azougue, 2007.

BEN, Jorge. *Última Hora*. Publicado em 1 de novembro de 1977.

BRITO, Maria de Deus. "Vovô do Ilê fala ao *Correio* sobre a resistência à ditadura". Postado em 25/11/2012. Visualizado em 9/12/2015. Disponível em: http://www.correiobraziliense.com.br/app/noticia/diversao-e-arte/2012/11/25/interna_diversao_arte,335671/vovo-do-ile-fala-ao-correio-sobre-resistencia-a-ditadura.shtml.

CARDOSO, Edson Lopes. "Black Rio – FILÓ: uma nova postura do negro, num contexto de repressão e autoritarismo". *Irohin*, publicado em 2 de novembro de 2009. Visualizada em 9 de dezembro de 2015. Disponível em http://pelenegra.blogspot.com.br/2009/11/entrevista-de-dom-filo-sobre-os-bailes.html

COSTA E SILVA, Alberto da. *Um rio chamado Atlântico - A África no Brasil e o Brasil na África*. Rio de Janeiro: Editora UFRJ, 2003.

DUNN, Christopher. *Brutalidade jardim: a Tropicália e o surgimento da contracultura brasileira*. São Paulo: Editora Unifesp, 2008.

FIGUEIREDO, Eurídice. "Os brasileiros retornados à África". Cadernos de Letras da UFF – Dossiê: Diálogos Inter-americanos, n. 38, p. 51-70, 2009.

FRIAS, Lena. "O orgulho (importado) de ser negro no Brasil". *Jornal do Brasil*. Publicado em 17 de julho de 1976, p. 4.

FRÓES, Marcelo. *Coleção Gilberto Gil 70 anos – Realce*. Vol. 3. Rio de Janeiro: Innovan Editora Ltda., 2011.

_____. *Coleção Gilberto Gil 70 anos – Refazenda*. Vol. 7. Rio de Janeiro: Innovan Editora Ltda., 2011.

_____. *Coleção Gilberto Gil 70 anos – Refavela*. Vol. 8. Rio de Janeiro: Innovan Editora Ltda, 2011.

GIL, Gilberto & ZAPPA, Regina (orgs). *Gilberto bem perto*. Rio de Janeiro: Nova Fronteira, 2013.

GILROY, Paul. *O Atlântico negro: modernidade e dupla consciência*. São Paulo: Editora 34, 2001.

HERNANDEZ, Leila Leite. *A África na sala de aula: visita à história contemporânea*. São Paulo: Selo Negro, 2008.

OGBAR, Jeffrey O.G. *Black Power: radical politics and African American Identity*. Maryland: Johns Hopkins University Press, 2004.

OLIVEIRA, Luciana Xavier de. O swing do samba: uma compreensão do gênero samba-rock a partir da obra de Jorge Ben Jor. Dissertação de mestrado. Programa de Pós-graduação em Comunicação e Culturas Contemporâneas. Universidade Federal da Bahia. Salvador, 2008. p 155.

PALOMBINI, Carlos. "Soul brasileiro e funk carioca". *Opus*. Goiânia. V. 15. n.1. p. 37-61, jun. 2009.

PEIXOTO, Luiz Felipe de Lima & SEBADELHE, Zé Octávio. *1976: Movimento Black Rio*. Rio de Janeiro: José Olympio, 2016.

PRETO, Marcus. "Jorge Ben Jor: eterna redescoberta". *Rolling Stone*. Edição 9. Junho de 2007.

RISÉRIO, Antonio. *Carnaval Ijexá: notas sobre afoxés e blocos do carnaval baiano*. Salvador: Editora Corrupio, 1981.

SOUZA, Tárik de. "Rebobagem". *Veja*, 20 jul. 1977. p. 116.

VIANNA, Hermano. *O mundo funk carioca*. Rio de Janeiro: Zahar, 1988.

© Editora de Livros Cobogó, 2017
© Maurício Barros de Castro, 2017

Organização da coleção
Frederico Coelho
Mauro Gaspar Filho

Editora-chefe
Isabel Diegues

Editora
Mariah Schwartz

Gerente de produção
Melina Bial

Revisão
Eduardo Carneiro

Capa
Radiográfico

Projeto gráfico e Diagramação
Mari Taboada

CIP-BRASIL. CATALOGAÇÃO-NA-FONTE
SINDICATO NACIONAL DOS EDITORES DE LIVROS, RJ

Castro, Maurício Barros de, 1973-
C352r   Refavela: Gilberto Gil / Maurício Barros de Castro. - 1. ed. - Rio de Janeiro: Cobogó, 2017.
112 p.; 19 cm. (O livro do disco)

ISBN 9788555910364
1. Música popular - Brasil - História e crítica. 2. Poesia brasileira - História e crítica. I. Título. II. Série.

17-44077   CDD: 784.500981
                                                                      CDU: 78.067.26(81)

Nesta edição, foi respeitado o Acordo Ortográfico da Língua Portuguesa de 1990, que entrou em vigor no Brasil em 2009.

Todos os direitos em língua portuguesa reservados à
Editora de Livros Cobogó Ltda.
Rua Jardim Botânico, 635/406
Rio de Janeiro – RJ – 22470-050
www.cobogo.com.br

O LIVRO DO DISCO

Organização: Frederico Coelho | Mauro Gaspar

The Velvet Underground and Nico | *The Velvet Underground*
Joe Harvard

A tábua de esmeralda | *Jorge Ben*
Paulo da Costa e Silva

Estudando o samba | *Tom Zé*
Bernardo Oliveira

Endtroducing… | *DJ Shadow*
Eliot Wilder

LadoB LadoA | *O Rappa*
Frederico Coelho

Daydream nation | *Sonic Youth*
Matthew Stearns

As quatro estações | *Legião Urbana*
Mariano Marovatto

Unknown Pleasures | *Joy Division*
Chris Ott

Songs in the Key of Life | *Stevie Wonder*
Zeth Lundy

Electric Ladyland | *Jimi Hendrix*
John Perry

Led Zeppelin IV | *Led Zeppelin*
Erik Davis

Harvest | *Neil Young*
Sam Inglis

Paul's Boutique | *Beastie Boys*
Dan LeRoy

In Utero | *Nirvana*
Gillian G. Gaar

2017

_____

1ª impressão

Este livro foi composto em Helvetica.
Impresso pelo Grupo SmartPrinter,
sobre papel offset 75g/m².